FRANCISCO JEREMIAS ALVARADO

Paperback Trade Inn
145 E. 14 Mile Rd.
Clawson, MI 48017
(248) 307 - 0226

PRONTUARIO HISTORICO DE PUERTO RICO

Colección: Obras Completas de Tomás Blanco

Dirigida por: Margot Arce de Vázquez
Arcadio Díaz Quiñones

prontuario histórico de puerto rico

prólogo: margot arce de vázquez

tomás blanco

 obras completas

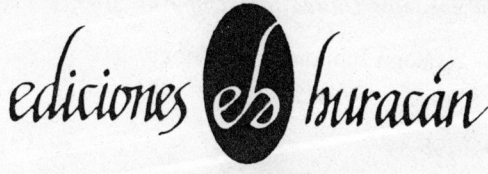

1981

Primera edición: Madrid, 1935
Segunda edición: B.A.P., San Juan, 1943
Tercera edición: B.A.P., San Juan, 1946
Cuarta edición: D.I.P., San Juan, 1952
Quinta edición: B.A.P., San Juan, 1955
Sexta edición: I.C.P.R., San Juan, 1970 y 1973
Séptima edición: Ediciones Huracán, 1981

Portada y diseño gráfico: J.A. Peláez

©1981, Ediciones Huracán, Inc.
Ave. González 1002
Río Piedras, Puerto Rico

Impreso y hecho en Estados Unidos de América/
Printed and made in United States of America

Número de catálogo Biblioteca del Congreso/
Library of Congress Catalog Number: 80-67412

ISBN: 0-940238-34-9

INDICE

Prólogo 9
Advertencias del Autor 19

PRONTUARIO

    I.—Siglo XV.
        Apuntes prehistóricos 25

    II.—Siglo XVI.
        Puesto auxiliar de las conquistas 27

    III.—Siglo XVII. (1595-1703).
        Antemural del Imperio 37

    IV.—Siglo XVIII. La plaza fuerte y la colonia.
        Transición 47

    V.—Siglo XIX. Desarrollo político.
        De las Cortes a la Autonomía.................... 53

    VI.—Balance del siglo XIX 81

    VII.—Siglo XX. Ocupación norteamericana.
        Desorientación 85

    VIII.—Reflexiones finales............................109

Bibliografía mínima. Breve reseña 115
Bibliografía de Tomás Blanco 119
Cronología de Tomás Blanco...........................123
Indice de nombres 126

PROLOGO

Dentro de cuatro años se cumplirán los cincuenta de la primera edición del Prontuario histórico de Puerto Rico, *aparecida en Madrid en 1935. La Editorial Huracán se dispone a iniciar la publicación de las Obras completas de Tomás Blanco con esta nueva edición del* Prontuario *que me ha tocado prologar por circunstancias ajenas a mi dominio; tarea difícil, y bastante arriesgada porque se trata de una visión personal que nos obliga al juicio sereno y ecuánime.*

En artículos periodísticos anteriores a la fecha de esa primera publicación, el Dr. Blanco había comenzado ya a pensar sobre el desarrollo histórico del pueblo puertorriqueño; y la lectura de Insularismo *de Antonio S. Pedreira —1934— lo movió a reunir y ordenar todos esos materiales dispersos en un cuaderno —así lo describe— de fácil acceso al público lector.*

Residente en Madrid desde 1931, recién establecido el régimen republicano que canceló el reinado de Alfonso XIII, Blanco tuvo trato amistoso con escritores y profesores universitarios de ideología republicana liberal, muy ligados a la generación del '98; y con el excelente grupo de investigadores del Centro de Estudios Históricos que presidía, con su saber y universal prestigio, don Ramón Menéndez Pidal. Todos lo estimularon a publicar su interesante comentario de la historia de Puerto Rico.

Siempre he sostenido que el viaje a España y el contacto directo con su pueblo, con la lengua española hablada y escrita —que es también nuestra lengua— tiene para nosotros, los hispanoamericanos, el valor de una toma de conciencia de nuestra vinculación a la comunidad de pueblos hispánicos. Y, al mismo tiempo, se nos hace patente el fuerte lazo del lenguaje común que resuelve en unidad nuestras diversidades.

La lengua materna compendia la cultura nacional de sus hablan-

tes porque es palabra y pensamiento —logos—, *comunicación con el mundo y con los demás hombres, instrumento de exploración de la realidad exterior así como del propio yo íntimo; libre posibilidad creadora de saber científico y de expresión literaria; archivo de la tradición y de la historia patria: la más reveladora y fidedigna seña de identidad personal y colectiva.*

Cuando decimos "fulano es puertorriqueño" —como explicaba Carlos Fuentes el otro día— *implicamos mucho más que "nacido en Puerto Rico". Apuntamos a un conjunto de rasgos y de costumbres, a ciertas actitudes, a una jerarquía de valores, a un pasado y un presente que configuraron nuestra personalidad imprimiendo su huella en nuestra vida moral y en nuestro trato con el prójimo. Todo esto está implícito en las páginas del* Prontuario, *en esa lectura reflexiva y comentada* —juzgadora también— *que Tomás Blanco hace para nosotros de la historia de nuestro pueblo.*

Es evidente que no pretendió dejarnos un texto histórico más, sino exactamente lo que se desprende del título: reunir y disponer de un prontuario, *o serie de anotaciones que tener a la mano para que le sirvieran de apoyo documental a su reflexión. Comentarios a sucesos históricos sí, pero desde una valoración crítica de su función y consecuencias en el desarrollo político y espiritual de su pueblo. Creo pertinente aclarar que, cuando Blanco dice* pueblo, *lo dice en sentido lato y no restricto, significando todos los miembros de la sociedad puertorriqueña que, sin exclusión de nadie, participaron y participan como protagonistas de la historia nacional. Y cuando digo* nacional *igualmente me parece necesario aclarar que hablo de mi patria, de Puerto Rico.*

El autor ha manejado, para documentar sus juicios, la selecta bibliografía que incluye al final del ensayo: unos quince títulos. Presumo que manejaría fuentes más numerosas y que, posiblemente, consideraba las indicadas muy valiosas y útiles a sus propósitos. Era un lector asiduo, inteligente y sensible a los valores de los textos históricos. En el comentario crítico de lo leído se esfuerza por ser justo, veraz, sensato. Su amplia cultura, su formación científica, su sentido de responsabilidad como escritor, lo ayudaron a ser objetivo y a imponerse el obligado distanciamiento de las cuestiones que tanto le importaban afectivamente. Demás está decir que sus juicios corresponden a su punto de vista personal y a una convicción ideológica muy firme y largamente meditada.

Mi primera lectura del Prontuario *tuvo sobre mí el efecto de un despertador que me invitaba a releerlo despacio y a pensar con detenimiento cada una de sus proposiciones y diagnósticos. Compartía algunos, discrepaba de otros; hice su lectura con pasión; al releerlo hoy vuelve a apasionarme porque el problema fundamental sigue intacto.*

***

En las breves Advertencias *que antepone al texto se nos indica que el propósito que lo instó a escribir esta obra fue* "el deseo de explicarme mediante un intento de síntesis la formación de nuestro pueblo" *y sus reflexiones* "un resumen organizado sobre la trama histórica, de conceptos, deducciones y consecuencias que se han ido acumulando a través de lecturas y observaciones". *Ambas advertencias nos describen —por así decirlo— el proceso de creación de este ensayo, su propósito y la estructura formal que le pareció más conveniente. Queda explicada, así mismo, su brevedad y la función de los datos históricos como soportes o puntos de partida.*

El ensayo se desarrolla en ocho capítulos agrupados en dos partes de cuatro cada una. Los de la primera se refieren a los siglos XV, XVI, XVII y XVIII. El primer capítulo, brevísimo, trata de la población indígena y se dice "...que la isla de Boriquén era un tambo, frontera de choque entre tribus aruacas y caribes." *El autor no se detiene mucho en esa prehistoria, acaso porque los indígenas que aquí habitaban cuando Colón nos descubrió no eran muy numerosos y estaban en estado primitivo-mítico; muy poco —o nada— influyeron en el desarrollo político de la Isla, que es el asunto central del* Prontuario.

La segunda parte contiene los capítulos referentes a los siglos XVIII, XIX y XX. Al siglo XIX, por su importancia en la vida general del país, se dedican los capítulos V y VI; el VII a la ocupación norteamericana y el VIII a las Reflexiones finales.

La organización cronológica parece —y lo es sin duda— la más apropiada y útil a las intenciones del autor. Se ha adoptado con libertad atendiendo principalmente al relieve del contenido histórico de cada centuria. Para Blanco, Puerto Rico empieza a vivir como pueblo con fisonomía propia en los años finales del siglo 18.

Por lo general, la numeración de cada capítulo va acompañada de un subtítulo que resume su carácter distintivo: Prehistoria, Puesto auxiliar de las conquistas, Antemural del Imperio, La plaza fuerte y la colonia *designan las cuatro primeras centurias durante las cuales nuestro país desempeña el papel de auxiliar de la metrópoli —otra vez de* tambo— *en la empresa conquistadora y colonizadora; no vive para sí mismo; es mero instrumento al servicio de los intereses metropolitanos. En la segunda parte, cuando el pueblo empieza a definirse con iniciativas y rasgos propios, el autor designa los capítulos V y VI con los subtítulos,* Desarrollo político y Balance del siglo XIX *y subraya el gran interés de ese siglo formativo de la personalidad del pueblo puertorriqueño y de la aparición de su conciencia nacional y cívica. En el siglo XX empiezan a manifestarse las consecuencias de la ocupación norteamericana y se caracteriza por una* Desorientación general. *El capítulo VIII contiene la propuesta de un plan de acción político-moral realista y prudente.*

En el siglo XIX el pueblo puertorriqueño alcanza madurez y está en disposición de tomar en sus manos y asumir la responsabilidad de su destino. En varias ocasiones manifiesta su dignidad colectiva, su espíritu de justicia, su libertad de criterio y de acción como lo demuestran las importantes y enaltecedoras gestiones de sus representantes en las Cortes de Cádiz y en el Parlamento español, su generosa y justiciera lucha por la abolición de la esclavitud. Estos hechos les ganaron la admiración y el respeto de sus colegas españoles.

Se comprende que el autor haya dedicado dos capítulos a ese siglo y la mayor extensión en el texto del ensayo. Le sigue en amplitud, el capítulo que comenta la ocupación militar norteamericana por lo que significa como paralización violenta de un proceso de desarrollo político y como radical cambio de rumbo, impuesto desde fuera, sin el consentimiento de los más afectados. Esa desgracia daba al traste con los frutos de su larga lucha centenaria y nos condenaba —como a nuevo Sísifo— a comenzar otra vez y en circunstancias más adversas. "De provincia autónoma de España —resume el autor— pasamos a ser colonia de una extraña y poderosa nación con la que no teníamos deuda pendiente alguna... y se nos impuso un gobierno militar absoluto y supremo."

El capítulo VII contiene un resumen de las causas, sucesos y actitudes mentales que llevaron al pueblo norteamericano a la guerra contra España, a su expansión territorial y explotación económica de los pueblos vecinos. La ocupación de Puerto Rico fue consecuencia de las necesidades de su imperialismo industrial y de la sobreproducción que necesitaba ampliar mercados para sus excedentes en la zona caribeña. Blanco se lamenta de que estos sucesos no produjeran en el pueblo puertorriqueño actitudes de "sereno realismo, visiones claras y determinaciones enérgicas"; que se desoyeran las advertencias de Eugenio María de Hostos y de otros ilustres compatriotas que juzgaron certeramente la verdad de lo que ocurría... "Triunfó el optimismo fácil, la ingenuidad, el oportunismo..." porque, en general, nuestro pueblo tenía una idea exaltada y engañosa de "la Gran República" y se dejó seducir por su mesianismo y profetismo puritanos, con sus falsas promesas de libertades democráticas y bienandanzas económicas.

La nueva política implantada por los invasores tuvo pronto sus naturales y previsibles consecuencias: absorción total del tráfico comercial; total control de la propiedad territorial por corporaciones extranjeras ausentes; monopolio sobre las industrias del café y la caña de azúcar...

La nueva situación deja sentir sus efectos en la instrucción pública y en la cultura. Se impone en las escuelas, desde el nivel primario, el uso del inglés como vehículo de enseñanza, y se introducen instituciones y tradiciones del pueblo norteamericano con el declarado propósito de "americanizarnos"; error grande que "dificultó la formación de hombres verdaderamente cultos" según Blanco. Sin embargo, el autor procura mantener su ecuanimidad de juicio y reconoce algunos beneficios obtenidos en el campo de la instrucción pública, como su democratización, la disminución del analfabetismo, el aumento del número de escuelas. Y en sanidad pública, la reducción de la mortalidad, la lucha contra las enfermedades tropicales, los adelantos científicos en la medicina...

Las Reflexiones finales contrastan por su fe en el destino de su pueblo y su nota de optimismo con el tono crítico negativo del capí-

tulo anterior que presenta al pueblo puertorriqueño desorientado por efecto de la ocupación norteamericana. Se trata de una serie de propuestas o de consejos sensatos, realistas, difíciles de poner en práctica, pero apoyados en las lecciones recibidas de la experiencia histórica; en el conocimiento de las virtudes nacionales y en las posibilidades del medio ambiente natural. Si el pueblo puertorriqueño sabe aprovechar esos factores apoyándose, además, en su fibra moral, su patriotismo y solidaridad humana, podrá asumir la dirección de su destino.

Es importante en este texto la insistencia en los valores éticos, el señalamiento de la necesidad de madurez adulta en las decisiones y de acción libre en su ejecución. Es necesario fijarse una meta de aspiraciones bien definidas y tener la firme voluntad de llevarlas a buen término. El autor se declara, tanto en este capítulo como en el anterior, partidario de la autonomía —o self-government— *que considera la mejor solución al problema constitucional del país.*[1] *Cree que un efectivo y real gobierno propio es la fórmula política más aceptable y la preferida por nuestro pueblo. Acusa a los separatistas decimonónicos de haber retrasado el logro de la* Carta Autonómica *de 1897, por su ingenua y excesiva fe en "las buenas intenciones de los Estados Unidos". No pone en duda ni su rectitud, ni su fervor patriótico, sino lo oportunidad de su táctica y su claridad de visión. Recomienda el conocimiento de la historia patria y opina que cualquier remedio que se intente aplicar a nuestros males debe contar con el endoso de buena parte del pueblo.*

Todo este programa basado en el principio de self-government

---

1 En carta abierta dirigida al Sr. Salvador Tió desde Madrid, el 26 de diciembre de 1935, (publicada por *El Mundo*, 2 de febrero 1936, p. 2) y respondiendo a un artículo de éste, entonces joven escritor sobre *El Prontuario Histórico*, Tomás Blanco rechaza la atribución de que usa el término *"self-government"* como sinónimo de *"autonomía"*, porque, dice Blanco: "cuidé de definirlo como real y efectivo gobierno propio... libre de dominios, ingerencias y mediatizaciones extrañas". Más adelante, en el artículo *¡Que viva la autonomía!* publicado en *El Mundo*, el 30 de agosto de 1936, insiste sobre el tema para condenar el concepto de autonomía postulado por los mal llamados autonomistas de entonces. (La autonomía) es *"verdadero gobierno propio en su sentido recto, simple y etimológico de independencia...* Hace tiempo hemos llegado ya a un grado de cultura tal que requiere nuestra emancipación, el ejercicio de nuestra plena preparación política. Lo contrario sería igual que pretender atar a un adolescente a las enaguas de su madre como preparación para la hombridad".

coincide en varios aspectos con el autonomismo del siglo XIX, fundado en la ideología de los liberales españoles y puertorriqueños de aquella centuria. La supuesta fórmula autonómica del Estado Libre Asociado —propuesta por Luis Muñoz Marín pocos años después de la publicación del Prontuario, *y apoyada por los votos de buena parte de nuestro pueblo— es muy inferior en derechos y libertades a la* Carta de 1897. *Esta vez, los nuevos autonomistas incurrieron en el mismo error de ingenua fe en las promesas de los políticos norteamericanos y en la misma falta de claridad de visión que los separatistas del siglo XIX.*

Me parecen muy valiosas otras recomendaciones que atañen a la moralidad y al espíritu de justicia de nuestro pueblo. Nos insta a rechazar los prejuicios raciales, y el mote deprimente e indigno de "puente entre dos culturas"; a trabar relaciones de dignidad con todos los pueblos y dentro del plano de la equidad; a crear para nuestro propio pueblo una originalidad típica arraigada en nuestras tradiciones y nuestra idiosincrasia... Pero, "para todo esto" —concluye— "será indispensable tomar nuestro destino en nuestras manos y liberarnos de la tutela extraña".

***

El Prontuario histórico *es el primer libro de Tomás Blanco que se publica y despierta enseguida el interés de sus lectores. Junto a* Insularismo *de Pedreira representa el espíritu, las inquietudes e interrogantes de nuestros escritores de la generación de 1930. Por la fecha de su nacimiento —1897— y el momento en que empieza a publicar en los periódicos locales —1928— consideramos al Dr Blanco, junto a Antonio S. Pedreira, uno de los miembros más representativos de aquel grupo, y su* Prontuario, *una obra clave, tan importante como* Insularismo. *Ambos expresan la ideología y las inquietudes político-sociales, culturales y literarias de aquel interesante momento; ambos libros contestan, a su modo particular, las preguntas de la* Encuesta *de la revista* Indice. *"¿Está nuestra personalidad de pueblo definida?" "¿Existe una manera de ser inconfundible y genuinamente puertorriqueña?" "¿Cuáles son los signos definitorios de nuestro carácter?" Y las contestan largamente y en la afirmativa. Tanto les importaba contestarlas que cada uno escribe un libro y el de Blanco es una réplica al de Pedreira.*

En esos libros percibimos la influencia de los ensayistas españoles de 1898, de Unamuno y Ortega sobre todo, muy difundidos y leídos entonces en los círculos literarios y en la Universidad. Pero Blanco —que no era hombre de capillas— procede con mayor independencia de criterio y de estilo.

Se puede afirmar que el Prontuario *es el ensayo matriz, la raíz que nutre la mayor parte de sus obras posteriores y las ideas rectoras de su pensamiento.* El prejuicio racial en Puerto Rico, *1942;* Los cinco sentidos, *1955;* Los cuentos sin ton ni son, *1970; varios artículos como* Elogio de la plena, *1935;* Los aproches del puente, *1941;* El cuco de la superpoblación, *1937;* El uvero del Condado, *1956, los numerosos textos dedicados al "problema de la lengua", a combatir la enseñanza bilingüe y a la valoración crítica de la obra poética de Luis Palés Matos. En todos se preocupa por la cultura puertorriqueña y sus valores morales, sociales y estéticos que debemos defender del embate deformador y disolvente de la cultura extraña.*

Para el conocimiento e interpretación de su obra literaria —varios libros y numerosos artículos, que bien leídos son uno solo— la lectura del Prontuario *es obligada e indispensable. Aún las obras de imaginación —la poesía, los cuentos, la novela* Los vates— *pertenecen a esa unidad de pensamiento crítico y creación literaria que brota de su probado amor a su patria y a su gente. Puerto Rico, su cultura, sus problemas, su destino, es en realidad el tema único de todo lo que escribe. El* Prontuario *sigue teniendo tanto interés hoy como en el momento de su primera publicación porque el problema fundamental de Puerto Rico —librarnos de la sujeción y tutela colonial— no se ha resuelto todavía.*

Como todos sus compañeros de generación, el Dr. Blanco era muy cuidadoso de los aspectos formales de su lenguaje literario. Buscaba la expresión clara, sobria, siempre dominada, aquel "estilo común y moderado, que no lo note nadie que lo vea" de la Epístola moral a Fabio; *norma bien ajustada al carácter reflexivo y crítico de sus ensayos. El español-puertorriqueño recibe de su mano la atención, el esmero, el aire gracioso y libre del habla cotidiana. El equilibrio entre libertad y norma me parece el rasgo sobresaliente de su escritura.*

Margot Arce de Vázquez

ADVERTENCIAS DEL AUTOR

El propósito que me indujo a redactar este cuaderno no fue sino el deseo de explicarme, mediante un intento de síntesis, la formación de nuestro pueblo. Reconozco además al último libro de Antonio S. Pedreira, *Insularismo*, la deuda de haberme servido de acicate.

Son estas líneas nada más que un resumen organizado sobre la trama histórica, de conceptos, deducciones y consecuencias que se han ido acumulando en mí a través de lecturas y observaciones. Un prontuario donde se recogen e hilvanan, sobre el cañamazo de los acontecimientos, los apuntes que acerca del tema tenía desparramados en anteriores artículos y notas.

Aunque quizás difiera en poco de la visión general, doy mi resumen a la estampa porque —una vez lograda mi primera intención— me complace que conste en forma asequible a mis paisanos para que el eco, benévolo o adverso, que entre ellos le sea dable despertar, preste algún matiz social a mi entretenido pasatiempo. También porque pudiera ser que este guión sirva, quizás, de nuevo incentivo a los que en Puerto Rico se interesan por tales cosas, en especial a los que con mayores medios o mejores dotes estén capacitados para ensayar una síntesis más justa que la presente y una rectificación de mis posibles errores.

Es natural que mucho de lo que más adelante se dice de Puerto Rico sea aplicable también a otras Antillas Mayores, al menos, parcialmente. Eso no viene sino a revelar un aspecto de la unidad antillana. En el texto que sigue se enfoca de modo casi exclusivo a Puerto Rico, que es sobre lo que interesa tratar Si en el curso del desarrollo del pueblo puertorriqueño aparecen similitudes o disparidades con el proceso de formación de otros pueblos hispanoamericanos, ello no altera la verdad de los hechos concretos ni desvirtúa la plausibilidad de las interpretaciones

La división por siglos que adopto como norma, es útil siempre que no se olviden dos cosas: la primera es que los períodos en que se divide el texto, siglo a siglo, no coinciden exactamente con el principio y el fin de cada centuria; la segunda estriba en la percepción de que los acontecimientos de importancia no se improvisan y surgen teatralmente dentro del marco exclusivo de una medida arbitraria de tiempo, sino que se van incubando paulatinamente hasta alcanzar relieve notable en determinada época y a favor de circunstancias concurrentes.

Como índice y como base para el acopio general de datos me he valido principalmente, hasta el año 1898, de la *Historia* de D. Salvador Brau. Pero además de compararla con la de Miller, he consultado otras obras, tanto generales como monográficas, para dar mayor amplitud a la documentación, para incorporar rectificaciones cuando hubiera lugar a ello, y para contrastar citas y versiones. El núcleo de las principales fuentes consultadas aparece en la breve reseña bibliográfica que se añade al final del cuaderno.

El enfoque, la selección sintética y lo que pueda haber de interpretación y análisis original en este resumen, es lo único que creo debido a mi elaboración e iniciativa. No cabe otra originalidad en un escrito que pretende ajustarse a los hechos históricos conocidos.

Madrid, invierno de 1934-35

Aquí se ve que las causas políticas y morales influyen en la formación del carácter de un pueblo tanto como las físicas.
       Iñigo Abbad: *Historia,* cap. IV.

SIGLO XV
APUNTES PREHISTORICOS

Según los comentarios y relaciones de conquistadores y cronistas, parece ser que la América precolombina era un rebullir de pueblos en constante agitación guerrera. Tras largas migraciones, que se recordaban aún a la llegada de los españoles, existían tribus más o menos sedentarizadas. Entre núcleo y núcleo de sedentarización pululaban linajes, chocando unos con otros en periódicas buscas de alimentos.

El hemiciclo irregular de las Antillas era, geográficamente, un puente tendido entre Venezuela y Florida; un atajo que unía la costa atlántica del continente Norte a la del Sur; un verdadero corto circuito utilizable como vía de relación entre las tribus amazónicas y misisipienses. Puerto Rico era, pues, un eslabón, una etapa o un descanso en esa posible vía de enlace: un *tambo*, para nombrarlo con vocablo indígena de América.

Es poco lo que a ciencia cierta sabemos de nuestra particular prehistoria. Carecemos de un acopio fidedigno de datos y documentos suficientes para esclarecer aquella época. Hasta las piezas arqueológicas más característicamente boricuas —como las colleras de piedra—, lejos de arrojar luz, son sólo motivos de dudas y fuentes de hipótesis contradictorias. No contamos sino con algunas noticias legadas por los primeros descubridores y conquistadores; con un reducido número de palabras aborígenes, indudablemente corrompidas y castellanizadas, y con deducciones sacadas de la comparación con otros pueblos americanos. Hay indicios que permiten suponer que, cuando menos, dos pueblos pasaron por nuestra isla o se asentaron en ella. Lo cierto es que al arribar Colón, Puerto Rico estaba poblado por gentes de la familia araguaca, nuarhuaca o aruaca. No está por completo dilucidado, en definitiva, si sus vecinos, parientes y enemigos circunstanciales, los caribes barloventeños, habían logrado o no arraigar en alguna comarca de nuestro litoral. Pero sí es indudable que estos salvajes, aguerridos y caníbales, procedentes de la América del Sur, merodeaban por las costas de nuestra Antilla y acostumbraban saquear las aldeas boricuas, tanto para ejercitar sus instintos guerreros, como para satisfacer apetitos genésicos y gastronómicos mediante el rapto de mujeres y niños. La noticia primera de esta costumbre nos llega por relación de los descubridores, que se enteraron de ello, antes de dar vista a nuestra isla, por el rescate que hicieron en Barlovento de mujeres boriqueñas cautivas de los caribes.

Puerto Rico era entonces una frontera de choque entre las subrazas aruacas que habitaban las Antillas Mayores y la feroz familia caribe que ocupaba las Menores, hacia el Occidente y el Sur. Suponiendo una lenta migración de pueblos a través de las Antillas, los borincanos, boriqueños o taínos de Puerto Rico, constituían la retaguardia de un clan, y los caribes de las Islas Vírgenes la vanguardia de otro. Este carácter de frontera de choque reaparece en nuestra historia; y por eso se destaca como el hecho más significativo de la prehistoria local

Frente defensivo de un grupo de pueblos y campo de ofensiva de otro grupo, hubo, probablemente, en Puerto Rico, lugar a penetraciones más o menos estables y a alguna fusión de la sangre y de la cultura de ambos contrincantes, dado el intermitente y repetido contacto. Pero los datos indican que, por lo común, los invasores se retiraban con su presa una vez terminada la escaramuza.

En este ambiente de lucha primitiva metieron sus proas las diecisiete naves de Cristóbal Colón en su segundo viaje. Se nos descubre por informes obtenidos gracias a esa misma lucha. Se nos bautiza con nombre religioso y castellano. Se nos dispensa una breve visita para abastecer de agua a la flota. Y por algunos años quedó casi olvidada la Isla de San Juan Bautista. Esto ocurría al fenecer el siglo XV.

SIGLO XVI
PUESTO AUXILIAR DE LAS CONQUISTAS

En el siglo XVI comienza lo que pudiéramos llamar, un poco arbitrariamente, nuestra protohistoria. Las actividades de los españoles en Puerto Rico durante ese siglo forman parte integrante de la historia de España, y se desarrollan en función del descubrimiento y la colonización del Nuevo Continente. Pero la verdadera historia del pueblo de Puerto Rico, como tal pueblo, no empieza a vivirse en la isla sino mucho más tarde, por la sencilla razón de que aún no existía nada que pudiera llamarse pueblo de Puerto Rico.

Los soldados imperiales del naciente imperio colonial español, un exiguo puñado de ellos, con D. Juan Ponce de León por capitán, comienzan la conquista de la isla en el año 1508. Un pretexto militar —la protección de las costas de Higüey, en Santo Domingo o la Española— les movió a ello; aparte las posibilidades personales de ganar honra y provecho en la empresa.

La conquista fue breve. Al principio tuvo el carácter de penetración pacífica; pero a los pocos años (1511) se rebelaron los indios, asesinaron a Cristóbal de Sotomayor y asaltaron e incendiaron, por sorpresa, el pueblo de su nombre y fundación. Hubo luego tres acciones de guerra: la expedición de Ponce de León a las márgenes del río Yauco, donde sorprendió y derrotó un contingente de alrededor de mil indios; la escaramuza de Salazar contra seiscientos indios del cacique Mabodomoca, y el combate de Yagüeca, donde las fuerzas de Juan Ponce, levemente reforzadas por gente de Santo Domingo, hicieron frente a varios millares de guerreros indios. La batalla y la campaña terminaron con la precipitada fuga de los aborígenes, al ser muerto su cacique en la pelea. La pacificación no duró tres meses. Intervinieron en la campaña ciento y pico de españoles; y las bajas de uno y otro bando fueron "relativamente pocas". La lucha contra los conquistadores se prolongó después en algunas guazábaras de menor importancia, donde al lado de un poco numeroso contingente de naturales no sometidos figuraban caribes de Barlovento, antes enemigos y ahora aliados de los boriqueños rebeldes En seguida Puerto Rico —la Isla de San Juan Bautista del Boriquén— pasa a ser una avanzadilla de la submetrópoli imperial americana establecida en La Española; un baluarte protector que pone a raya las incursiones caribes.

Antes de mediar el siglo, la raza indígena de la isla queda ya casi abolida como factor importante y numeroso. En este proceso de anonadación pudo haber desempeñado un papel de agravante, o de causa contribuyente, el régimen de trabajo a que se sometieron numerosos indios; pero parece imposible imputarlo al exterminio guerrero. En realidad, se trata de un fenómeno que se ofreció por primera vez en las Antillas al estudio de historiadores y sociólogos europeos, pero que ocurre generalmente dondequiera que se ponen en íntimo contacto razas en estado de naturaleza con gentes de civilización avanzada. (Véase E. Gaylord Bourne: *Spain in America*). Un ejemplo típico es el caso de Hawai, "donde en el curso de un siglo, sin matanzas, sin persecuciones, la población indígena se ha como desvanecido". (Brunhes: *Géographie humaine*). Los factores principales que producen este fenómeno son la falta de relativa inmunidad para las enfermedades importadas, las zozobras y trastornos debidos a una civilización impuesta y la dilución de la sangre por medio del mestizaje. En Puerto Rico influyó también el éxodo de los naturales hacia las islas Vírgenes. Como factor relativo, local, puede añadirse que el número de aborígenes nunca fue tan subido como quieren las grandes exageraciones de Las Casas, pues los modernos y razonados cálculos de J. W. Fewkes cifran en 30,000 indios el máximo probable de población taína en Puerto Rico. (Fewkes: *XXV Annual Report of the Bureau of American Ethnology*. Washington. Véase además: Stahl, Acosta, Perea, etc.). Tan escaso número tenía necesariamente que disolverse en el enorme incremento posterior de la población isleña.

Acosta, citando al presbítero Ponce de León y al bachiller Santa Clara, dice que "hubo y se hallaron por copia al tiempo del repartimiento que se hizo cuando se ganó la isla, cinco mil y quinientos indios sin los que quedaron por repartir que no estaban domésticos"

En 1515, pasado poco más de un lustro de la fundación de la colonia, los indios eran "pocos y sirven mal"; excluyendo a los del rey y a los de los oficiales, "no había cuatro mil". Entre 1518 y 1521 se quitaron a sus encomenderos muchos indios repartidos. En cumplimiento de una real cédula de 1520, el licenciado Antonio de la Gama dejó "vacos" 664 indios encomendados que depositó en el Factor. (*Vide* Acosta). Según el censo de Francisco Manuel de Olando, en 1531, existían en la isla 473 "indios libres encomendados" y 675 "indios esclavos"; total, 1148. (Brau). Cuando en 1544 se cumplió en Puerto Rico la orden del Emperador declarando a todos los indios "libres como cualquier español"... "reconociéndoles igual condición y derechos que sus demás vasallos"... y "dejándoles holgar para que multipliquen", sólo se encontraron sesenta indios esclavos, aparte algunas ocultaciones que se descubrieron más tarde. En 1582 no había "de los naturales ninguno, salvo unos poquitos que procedían de indios de Tierra-firme traídos aquí, que serán como doce o quince... No hablan en su lengua porque los más dellos son nacidos en esta isla y son buenos cristianos". No obstante todas estas cifras, dos siglos después, en el último cuarto del XVIII, los censos arrojan un total aproximado a dos mil indios puros. De todos modos, el hecho etnológico importante es que antes de cumplirse un siglo de ocupación europea, la población indígena pura queda reducida a factor negligible.[1]

Una vez posesionados de la isla los soldados del rey de España, y aún antes de ser éstos dueños absolutos de la situación, Puerto Rico adquiere un triple carácter, y se puede considerar a la colonia bajo tres aspectos que están íntimamente ligados al proceso de extensión del imperio español en América. En primer lugar, el establecimiento es un puesto militar de choque, desde donde se combaten las agresiones de los salvajes de Barlovento; retaguardia de la colonización que vive, a este respecto, cara al Este y al Sudeste. La segunda característica es también importante y también militar: Somos una es-

---

[1]. Las contradicciones o divergencias en cuanto a población aborigen son debidas, además de a lo imperfecto de los censos y cálculos, a que unas cifras se refieren exclusivamente a indios esclavos, otras a repartidos y encomendados, y casi ninguna a la población total, inclusive mujeres, niños y varones libres o "que no estaban domésticos". Cf. Los apuntes del autor en *Revista Ateneo Puertorriqueño* (Vol. IV, Núm. 2).

tación auxiliar del progreso de las conquistas continentales: Apice de un abanico de exploraciones que se abría hacia el Poniente: Escala en la ruta de los conquistadores: Punto de partida de expediciones descubridoras, depósito y reserva. Y, por último, la isla, toda ella, sirve como a manera de jardín de aclimatación para hombres, animales y plantas. Experimento de adaptación no sólo de interés inmediato en la conquista de América por España, sino que trasciende a la conquista del Trópico por la civilización occidental.

Al mismo tiempo, claro está, se daba principio a la fundación de una colonia, germen primitivo de lo que andando el tiempo había de convertirse en el pueblo puertorriqueño. Pero esta derivación es sólo una consecuencia lógica de los tres grupos de actividades arriba enumerados. Porque los acontecimientos que se desarrollan en Puerto Rico durante el siglo XVI son, en lo fundamental, efemérides del Imperio en marcha hacia la conquista y colonización del Continente.

Para que no se juzgue artificiosa y arbitraria esta interpretación, conviene resumir los tres aspectos o características antes mencionadas en tres núcleos de datos históricos.

A. *Puesto militar fronterizo contra Barlovento:* Desde nuestra isla se hostilizaban las costas de La Española, cooperando los indígenas en la sublevación de los quisqueyanos de la comarca del Higüey, donde ejercía Juan Ponce funciones de gobernador. La razón principal de la ocupación de Puerto Rico no fue otra que el propósito de poner fin a estas hostilidades.[2] Establecidos los españoles en tierra boricua, la frontera de lucha se corrió hacia el Oriente, a todo lo largo de la isla nuevamente conquistada, que actuaba así de dique protector de la sede americana del Gobierno de las Indias. En la rebelión de nuestros indios se mezclaron como aliados los caribes de las Antillas Menores. Este pueblo pirático y feroz persistió en sus correrías; pero entre ellos y Santo Domingo se había puesto el obstáculo de la nueva colonia. Puerto Rico sufrió entonces el rigor del choque. Sobrevienen los asaltos de los caníbales al Dagua, la Aguada, Canóvanas, Guadianilla, y hasta logran penetrar en la misma bahía

---

2. Así nos ha parecido siempre; aunque la expansión a la vecina isla tenía que sobrevenir de todos modos; y, aunque, como apuntó el amigo Antonio S. Pedreira, el señuelo de oro movió voluntades.

de la Capital. Para tenerlos a raya, los españoles de Puerto Rico deben tomar la ofensiva; y organizan expediciones y batidas contra las islillas vecinas. En el último cuarto del siglo XVI luchaba todavía el nieto de don Juan Ponce con los indios de las Antillas Menores.

B. *Base auxiliar de las conquistas hacia el Poniente:* El nombre de Puerto Rico, que sólo se refería entonces a lo que es hoy la bahía de San Juan, no fue un capricho, y mucho menos una vacua frase retórica de los conquistadores. Aludía a la magnífica bahía en cuya proximidad se fundó la primitiva capital de la isla. Esta bahía resultaba, por su amplitud, por lo abrigada, por la posición geográfica —la más cercana a la Metrópoli de todas las fundaciones españolas de América—, un punto estratégico de importancia para la navegación de aquellos tiempos, un verdadero puerto rico.

Como lugar de recalada, como escala para refrescar y hacer aguada, la isla pudo prestar auxilio conveniente a los primeros navegantes de los mares recién descubiertos. Allí se preparan expediciones, se recluta gente, se arman y abastecen buques para llevar adelante los descubrimientos y las conquistas. Contaba apenas la colonia un quinquenio de existencia, cuando en 1513 (Perea: *Historia del Adelantado Juan Ponce*) nuestro primer gobernador aderezó allí las carabelas en que se proponía ir a conquistar el Bimini y con las que descubre, en cambio, la Florida, regresando de su busca de la Fuente de la Juventud "más viejo que cuando salió". Tras sendos paréntesis en que se ocupa de casar sus hijas y de defender, junto al rey, su autoridad y su prestigio, reincidió Ponce por dos veces en su propósito de conquistar la Florida, hasta que en 1521 halló la muerte en el intento. A otros hombres del siglo sirvió la gobernación de Puerto Rico de peldaño en sus carreras de Indias, como a Bahamonde de Lugo y Francisco de Solís, trasladados el primero a Cartagena y el segundo a Yucatán.

De Puerto Rico se sacaron auxilios para Hernán Cortés en su conquista de la Nueva España y se enviaron bastimentos y caballos a Pizarro en su empresa del Perú.

Ofrecía también Puerto Rico un seguro asilo a los componentes de expediciones desbaratadas. A este respecto nombra Brau la "expedición de Las Casas fracasada en 1521". Estas gentes aumentaban la población flotante de españoles sin vecindad que acampaban en nuestra tierra, en espera de ocasión propicia para lanzarse hacia las nuevas fronteras del Imperio en tierra firme. Entre los mismos pobladores avecindados cundió el afán de éxodo —atraídos por el señuelo dorado del Perú—, hasta tal extremo, que hubo de poner en peligro la vida de la colonia.

C. *La conquista del Trópico:* Este es el aspecto fundamental de la colonización propiamente dicha. Si el nombre de Puerto Rico no fue mera frase retórica cuando se bautizó con ella la bahía de San Juan, resultó, en verdad, un tanto irónico al extenderse el apelativo como nombre de la isla toda. Relativamente pobre era la isla en cuanto a yacimientos de minerales preciosos. Desde el punto de vista de las subsistencias, pobre también era en la fauna y la flora, pese a la exuberante vegetación. La única riqueza verdadera radicaba en el humus de la tierra virgen. Pero aun ese tesoro había de resultar bastante relativo en cuanto aumentase la población, porque estaba limitado por la reducida extensión del territorio. Contribuían además a empobrecer la vida dos causas derivadas del clima: las fabulosas nubes de insectos propagadores de enfermedades mal comprendidas, y la periódica furia de los huracanes del Trópico. Misteriosas anemias y fiebres héticas consumían energías y agotaban vidas; ciclones y vendavales, de fuerza nunca vista, arrasaban cosechas y destruían hogares.

Por eso epigramistas y poetas pudieron hacer gala de ingenio y humorismo sobre la imprevista ironía del nombre de Puerto Rico. Clásicos son ya, entre nosotros, aquellos dos sonetos: el que nos legara fray Damián López de Haro a mediados del siglo XVII: "Esta es, Señora, una pequeña islilla—falta de bastimentos y dineros...", y la evidente paráfrasis de Manuel del Palacio, escrita a fines del XIX: "Este que tiempos ha fue Puerto Rico—hoy debiera llamarse Puerto Pobre..."

La verdad es que crematísticamente nunca fuimos ricos. La relativa y patriarcal abundancia de los primeros tiempos, que nos permitía acudir en socorro de las nuevas conquistas, estaba condicionada a la feracidad de la tierra, a la crianza de ganados en dehesas incultas, a la existencia de montes maderables y a la escasez de población. Así y todo, la naturaleza de la isla no contribuía al bienestar sino con el factor pasivo de la virgen fertilidad de la tierra.

La importación de animales y plantas y el fomento de su cría y aclimatación, el desarrollo de la agricultura y la ganadería, fueron la base de la conquista del trópico americano por los primeros colonos españoles De otro modo hubieran llegado a perecer de hambre. Prueba de la escasez de alimentos, entre otros muchos ejemplos aducibles, son las tribulaciones sufridas por Cabeza de Vaca en sus correrías por las costas del Golfo de México, maravillosamente narradas por él mismo *(Naufragios y Comentarios)*; el hambre que acosara a Gonzalo Pizarro en su exploración de las selvas tropicales de La Canela (El Inca Garcilaso: *Comentarios Reales del Perú*), y lo que relata Anglería de las privaciones soportadas por Vasco Núñez de Balboa en los años siguientes a la fundación de Antigua, cuando escribe dirigiéndose al Papa: "Por eso se jacta festivamente de que ha guardado más larga y más rigurosa cuaresma que la que Vuestra Santidad manda observar..."

América era un continente hambreado. Muchas veces tuvieron los españoles que comer hierbas, sapos, ratones, culebras, etc., teniéndose en ocasiones "por bien andantes cuando estas cosas hallaban". Los indios no hacían menos. En el bien organizado imperio de los Incas, donde, al contrario que en Puerto Rico y las demás Antillas, abundaba la caza mayor, dice Garcilaso de las hierbas que "los indios las comen todas, las dulces y las amargas... porque son el caudal de la gente común .. Las yerbas amargas las cuecen en dos, tres aguas, y las secan al sol y guardan para el invierno cuando no las hay: y es tanta la diligencia que ponen en buscar y guardar yerbas para comer, que no perdonan ninguna, que hasta las ovas y los gusarapillos que se crían en los ríos y arroyos, sacan y aliñan para su comida".

La población indígena se alimentaba regularmente de raíces como la yuca, del maíz, de mariscos y de la caza de aves, roedores, reptiles y larvas de insectos. Y esto, con implementos de agricultura, caza y pesca primitivos, rudimentarios.

Los productos alimenticios que hoy consideramos típicos de nuestro suelo fueron importados por los colonizadores. Algunos vinieron de Europa, otros de Africa y otros de las Indias Orientales. El rey en persona advertía los detalles necesarios para que llegaran las simientes en buenas condiciones Desde el segundo viaje de

Cristóbal Colón empezó la aclimatación de plantas y animales. (*Vide: Aportación de los españoles a la prosperidad de América*. Minist. de Trabajo, Madrid, 1929).

La primera providencia de Pinzón, cuando pensó en colonizar a Puerto Rico, fue disponer que se soltasen cabras y cerdos en las montañas del interior. Ponce de León cuidó de traer consigo ganado vacuno y caballar. Vienen también, después, aperos de labranza y labradores experimentados. En los albores de la conquista funda Juan Ponce "La granja de los Reyes Católicos". Dice Brau que, desde el descubrimiento de la isla, el rey don Fernando "había propendido... a favorecer la agricultura anteponiéndola a la industria minera y amparándola enérgicamente... Por su orden habíase establecido una granja en las riberas del Toa, y en ella, a expensas de las rentas reales, se ensayaron y fomentaron, por labradores expertos, los cultivos de frutales, gramíneas, hortalizas y otras plantas útiles... dando así ejemplo y enseñanza práctica a los colonos". Es decir, se establecía, desde la primera ocupación de la isla una verdadera estación experimental de agricultura tropical.

La colonización de las Antillas fue el primer intento de adaptar la civilización occidental a las condiciones del Trópico. Hasta entonces ningún europeo había pretendido fundar comunidades blancas y vivir en régimen civilizado por debajo de la línea de Cáncer. Nadie mejor preparado por la Historia y por la Geografía para esta empresa que los habitantes de la Península Ibérica. Capricho providencial de la suerte fue, pues, ya que no predestinación, el que a españoles y portugueses correspondiera la tarea de iniciarla en ambas Indias. Favorable casualidad fue también el que las Antillas brindaran al europeo un trópico algo atenuado, dulcificado por la insularidad, los vientos alisios y el corto número de grados bajo la línea.

El español en las Antillas dio buena prueba de su adaptabilidad. Excusando privaciones y padecimientos, que supo soportar, logró amoldarse a las nuevas condiciones de vida; no repugnó a su instinto el buscar compañera o mujer legítima entre las naturales del país; modificó su vivienda de acuerdo con el clima, y se ingenió en procurarse alimentos adecuados.

En vista de la importancia que la ciencia atribuye hoy a la habitación y la dieta en la salubridad del Trópico para el hombre blanco, en la lucha contra las enfermedades de los países cálidos, hay que admitir que los colonos mostraron certero instinto en la forma en que construyeron —dentro de sus medios y posibilidades— sus casas de vivienda, y sobre todo, en el cuidado y empeño que pusieron para procurarse nutrición adecuada, aportando de los cuatro puntos cardinales plantas y animales susceptibles de adaptación. Lentamente la tierra, el clima y el cruzamiento de razas influyeron en el hombre y le modificaron algún tanto; pero a su vez el hombre extraño recreó la tierra

SIGLO XVII
(1595-1703)
ANTEMURAL DEL IMPERIO

Para mejor comprender los sucesos de Puerto Rico, es necesario resumir paralelamente los acontecimientos de la historia metropolitana.[1] Excuse esta razón un paréntesis donde, a grandes rasgos, se recuerde el puesto que ocupará España durante los siglos XVI y XVII como potencia mundial.

El siglo XVI español fue una época de enorme actividad expansiva. Comienza, podríamos decir, con la toma de Granada y el descubrimiento de América (1492) y termina con la pérdida de la Armada Invencible (1588) y la muerte de Felipe II (1598). Alcanza su máximo esplendor con la fundación de los virreinatos de México y Perú, en América, y la hegemonía de Castilla en Europa. España se vierte hacia afuera en todas direcciones —"como rosa de los vientos". Las inquietudes de españoles y portugueses no caben en la Península. Como máxima autoridad entre cristianos de entonces, el Papa tiene que partirles el sol: a España, el Occidente; a Portugal, el Oriente. En seguida circunnavegan el globo y se vuelven a encontrar en los antípodas. La frontera en litigio, entre ambos pueblos, le da la vuelta al mundo. Los españoles se desparraman en andanzas, descubrimientos, fundaciones y guerras por todos los mares y continentes. Puerto Rico, y, en general, las Antillas, tienen un puesto de relativa importancia entre la multiplicidad y magnitud de las empresas españolas del siglo. Hasta que las riquezas fabulosas de los virreinatos nos eclipsan, y la Monarquía casi se olvida de nosotros.

Con el nuevo siglo —aproximadamente— comienza a marcarse la decadencia del poderío español. No es ocasión de analizar las causas de esta decadencia; pero no está tampoco fuera de lugar enumerar

---

1. Lo que equivale a recordar la historia de Europa.

las principales entre las que se citan corrientemente. He aquí un catálogo:

I. España —país fundamentalmente agrícola— no supo, no pudo o no quiso variar su ritmo económico de acuerdo con el naciente capitalismo. El abastecimiento de los nuevos mercados coloniales, que pudo haberla hecho un emporio industrial, tuvo que satisfacerse con mercancías extranjeras. Por otro lado, los banqueros extranjeros que financiaban en sus empresas y guerras a Carlos V y a su hijo Felipe II, fueron los verdaderos distribuidores de oro de Indias. Además, el tránsito de tanto oro por la Península, y su afluencia a los mercados mundiales, envileció el dinero y encareció la vida, sin compensar proporcionalmente a la gran masa de población española. II. El celo religioso, la intransigencia dogmática, que, como base de la unidad imperial, se convirtió en razón de Estado, originando expulsiones, rebeldías y conflictos internacionales, creando guerras y dispendios. III. El desgaste que representa para un pueblo salir expedición tras expedición, campaña tras campaña, durante más de un siglo, hacia todos los rumbos de la brújula, con merma considerable en la población peninsular. IV. El recelo con que Europa veía el peligroso poderío sin precedentes que se acumulaba en una sola mano. La competencia que por todos los medios se empezó a hacer a las empresas españolas.

Fueran las que fuesen las causas, lo cierto es que el Imperio español se deshojaba. De aquella floración abierta al soplo de todos los vientos no iba a quedarle a Castilla un solo pétalo. Pero antes cuajó la flor en fruto. La fecundaron los mismos ímpetus que la deshojaron. Y vino el apogeo de las artes y las letras que se llamó el Siglo de Oro.

Si el siglo XVI fue principalmente acción expansiva, el XVII fue, en su mejor parte, concentración intelectual y artística. Todo apogeo es principio de transición. Por eso, en aquellos tiempos, cuando Cervantes y Lope de Vega se enlistaban bajo banderas de guerra, bien podía Don Quijote sopesar en un discurso el valor relativo de las armas y las letras.

Se debilitaba el vigor español al propio tiempo que Inglaterra, Francia y Holanda despertaban a las oportunidades que ofrecía el engrandecimiento del mundo conocido. No se contentan estas naciones con usufructuar parcialmente los descubrimientos, sino que pretenden disputar palmo a palmo, a españoles y portugueses, sus conquistas y posesiones. Por un lado, les empujaba el deseo de mermar las fuerzas que sostenían el poder español; por otro, les estimulaba el natural anhelo de participar directamente en los beneficios del ensanche mundial. Y la Reforma —las diferencias sectarias surgidas en el seno de la Iglesia— justifica en muchos casos, con razones trascendentales, los instintos expansivos en acción.

Franceses, ingleses y holandeses entran en la contienda con bastantes años de retraso, pero con mayores facilidades: recorren caminos al menos parcialmente trillados; aprovechan la experiencia de los pioneros; se mueven en un mundo más rico y más sabio; y les dominaba el espíritu de quien en la lucha por la existencia llega algo tarde al reparto.

Durante todo el siglo siguiente al descubrimiento de América no logran los extranjeros establecerse en las nuevas tierras. Por fin, en el XVII, fundan los franceses colonias en el Canadá, los ingleses en Virginia y Nueva Inglaterra, y los holandeses en Nueva Amsterdam, que más tarde había de convertirse en Nueva York. Se aventuran también con un siglo de retraso por los mares de Oriente y llegan los ingleses a Bengala, los franceses al Indostán y los holandeses a los archipiélagos de la Especiería. Al mismo tiempo hostilizan las antiguas fundaciones españolas y echan raíces en las Antillas, principalmente en las pequeñas islas caribes de Barlovento. El cuerpo dilatado del Imperio español en América quedaba a la defensiva.

A fines del XVI y principios del XVII, la isla de Puerto Rico era una pequeña y olvidada fundación. La producción aurífera hacía más de medio siglo que se había extinguido. Miller dice que hasta el 1536 —año en que ya casi se agotaron las minas— "la producción total de oro en Puerto Rico ha sido calculada en unos cuatro millones de dólares". Miller no consigna su fuente; pero, probablemente, toma el dato de Acosta, que lo extrae de la lista de remesas de oro y perlas que enumera Muñoz como hechas a España entre los años del 1509 al 1536. El total de Muñoz asciende a pesos 233.053. Acosta lo multiplica por tres para encontrar el valor actual del peso del siglo XVI (según W. Irving); y luego añade, sin darlo por seguro: "Creemos que esta suma representa el quinto perteneciente a la Corona, en cuyo caso, el oro extraído sería cerca de tres millones y medio."

En las primeras décadas del XVII sólo existían en Puerto Rico dos poblaciones dignas de tal nombre: la Ciudad, y la villa de San Germán. San Blas de Coamo, fundado por aquella época, "llegó a tal grado de postración", que no tenía para pagar al párroco ni al sacristán. Como productos comerciales, se cultivaba el jengibre, se exportaban cueros y se manufacturaban unos miles de arrobas de azúcar. La población blanca constaba de un corto número de vecinos, con sus familias y agregados, más un puñado de soldados de guarnición. San Juan tenía unas doscientas casas de piedra, madera y tapias. Lo demás eran aldeas, hatos, selvas, maniguas y dehesas, donde el ganado cimarrón se reproducía en gran abundancia.

Pero la isla estaba situada en la periferia del Imperio español amenazado: "Frente y vanguardia de todas mis Indias Occidentales, y respecto a sus consecuencias, la más importante de ellas y codiciada de enemigos", que dijera Felipe III. Y Puerto Rico vuelve a adquirir nueva importancia estratégica; vuelve a ser campo de luchas, frontera de choque que resiste los embates extranjeros contra el poder español.

Se da, por tanto, el caso paradójico que, al iniciarse el ocaso militar de España, comienza simultáneamente a crecer, paso a paso, la importancia de su colonia puertorriqueña como presidio militar, hasta convertirse, con el tiempo, en una de las primeras plazas fuertes de América.

Poco podría aprovecharnos la extraordinaria cultura que florecía en España, cuando en las remotas fronteras del Imperio que nosotros defendíamos se entablaba lucha a muerte. *"No peace beyond the Line"*: "Nada de treguas al Oeste de Cabo Verde", era la consigna de Inglaterra; con lo cual quería decir que, hubiera o no guerra abierta contra España en Europa, en los mares de América no podía haber paz Aunque no la sintetizasen en una frase hecha, similar política seguían franceses y holandeses, siempre que se ofreciera ocasión propicia. Y la piratería, más o menos disfrazada de corsarios, vino a ser una terrible plaga de la navegación, una continua amenaza contra España y un poderoso auxiliar de sus enemigos.

Nada de extraño tiene, pues, que por más de cien años no se registren apenas en Puerto Rico otros acontecimientos de importancia que los de carácter militar. El mayor reflejo que el Siglo de Oro proyectó sobre Puerto Rico fue la valiosa biblioteca que guardara en la isla nuestro obispo Valbuena, hombre que se nutrió de la cultura hispánica a través de la Universidad de México. Y aun eso hubo de sucumbir al rigor de las armas, según lo recuerdan aquellos versos de Lope de Vega:

> Y siempre dulce tu memoria sea,
> Generoso prelado,
> Doctísimo Bernardo de Valbuena.
> Tenías tú el cayado
> De Puerto Rico cuando el fiero Enrique,
> Holandés rebelado,
> Robó tu librería;
> Pero tu ingenio no, que no podía,
> Aunque las fuerzas del olvido aplique.
> ¡Qué bien cantaste al español *Bernardo*!
> ¡Qué bien al *Siglo de Oro*!
> Tú fuiste su prelado y su tesoro,
> Y tesoro tan rico en Puerto Rico,
> Que nunca Puerto Rico fue tan rico.
>
> (*Laurel de Apolo*, Silva II)

Llave del mar Caribe, amparo de galeones, protección del tráfico naval entre la Metrópoli y las demás colonias, conveniente punto desde el cual hubiera sido apetecible a los crecientes enemigos de España hostilizar las costas de la tierra firme, Puerto Rico se exponía a la codicia extranjera. "Comprendiéndolo así el Monarca —dice Brau— intentó vigorizar su defensa". Desde el año 1586 se estableció la llamada institución del "Situado", o sea el libramiento de un fondo anual contra la tesorería mexicana y en favor de Puerto Rico. Inicialmente, ascendía a unos dos millones y medio de maravedís; y en años posteriores se cifra esta suma en ochenta mil pesos anuales. Con las escasas rentas puertorriqueñas, mal se podían atender los gastos indispensables, mucho menos fabricar fortalezas y mantener guarniciones; por lo cual, el subsidio se prorroga hasta principios del siglo XIX, en que desaparecen, a la par, la necesidad del baluarte protector y las fuentes del ingreso, al independizarse el continente.[2]

Momentos antes de comenzar el siglo XVII, Felipe III hace depender la Capitanía General directa y exclusivamente de la Corona, y prohibe a la Audiencia de Santo Domingo el "entrometerse en asuntos de milicia y guerra". Durante el siglo, se amuralla la ciudad, se reconstruye la fortaleza de Santa Catalina, se fortifica el puente de San Antonio y el Boquerón de Cangrejos, se levanta el fortín de la isleta del Cañuelo, se continúa la fábrica del castillo del Morro y se comienza la del castillo de San Cristóbal. También durante este período se admite a los vecinos y naturales de la isla al alistamiento militar, y, por último, se reorganiza el paisanaje en milicias regulares.

De unas dieciocho agresiones que en el curso de su Historia ha sufrido Puerto Rico a manos de franceses, ingleses y holandeses, ocho de ellas se suceden entre los años 1595 y 1703. De los cuatro grandes ataques contra el puerto y plaza de San Juan ocurridos antes del bombardeo de Sampson en 1898, tres tienen lugar durante los primeros treinta años de ese mismo período. Por entonces, fracasó allí el temible corsario Drake, que, al mando de una flota de veinticuatro naves, pretendió ganar la plaza; luego, el conde de Cumberland organizó en Inglaterra una formidable armada contra Puerto Rico, y con ella logró ocupar el fuerte y la ciudad; y, más tarde, el burgomaestre de Edam, Balduino Enrique, al frente de diecisiete buques holandeses, atacó, saqueó e incendió la población, siendo finalmente rechazado desde la fortaleza de El Morro.

No termina con esto la historia militar del período. Las islillas de Barlovento eran nidales de forajidos y aventureros, piratas y corsarios, que "sólo en caso de necesidad atacaban a cualquier pabellón, pero al español en todo acontecimiento". Puerto Rico fue una base de operaciones punitivas contra ellos. Repetidamente son desalojados de Vieques, Santa Cruz, San Martín, San Cristóbal, Tórtola. Por fin se concentraron en la isla Tortuga, y bajo el nombre de bucaneros o filibusteros azotaron todo el mar Caribe y apresaron durante cinco años consecutivos el "Situado" que de México se enviaba anual-

---

2. Véase al fin de este capítulo una nota adicional sobre la importancia estratégica de Puerto Rico.

mente a Puerto Rico.

Hasta fines del siglo XVII, el número de habitantes permaneció casi estable. El único censo estadístico del siglo se debe al obispo García de Escañuela, que lo mandó hacer "para convencer a Su Majestad de que lo que llamaban ciudad era casi un 'desierto' ". Según ese censo, San Juan, la Ciudad, tenía en 1673 unos 365 hombres libres, entre blancos y pardos, con sus familias y esclavos negros y contaba con 259 casas.

Este escaso número de vecinos, agrupados a la sombra de una fortaleza imperial, de un presidio militar, mal podía constituir todavía otra cosa que el núcleo primitivo del incipiente pueblo puertorriqueño.

No obstante la crónica pobreza crematística de la isla, sus habitantes se las arreglaban para satisfacer bastante bien necesidades y gustos, sin grandes esfuerzos, amoldándose a la índole del clima y a los productos del suelo. En la época de mayor penuria, cuando apenas llegaban barcos mercantes españoles ni había comenzado aún el contrabando extranjero; cuando el "Situado" era apresado año tras año por los filibusteros; cuando Fray Damián López de Haro escribe su comentada frase de que "aquí estamos tan sitiados de enemigos que no se atreven a salir a pescar en un barco porque luego los coge el Olandés", dice también el buen fraile, después de lamentarse que por lo corriente falta el pan de trigo y a veces falta vaca en la carnicería, que "aunque pobremente la mesa es siempre de Obispo de lo que da de sí la tierra, porque con hacer dos o tres guisados de la ternera, algún abe, y dulces que hay en abundancia, y con algunas frutas que diremos después, está la familia contenta y bien mantenida". Si faltaba la vaca había tortugas; y si trigo, pan de casabe o plátanos, patatas y arroz criollo. También abundaban los limones, las piñas, las naranjas dulces, las limas, las cidras y "otras muchas frutas que lleba el campo". En San Juan había unos doscientos hombres *avecindados*, y "como 250 casas de teja, obra y cantería..., y en todas corrales con árboles frutales".

Siglo y pico más tarde, Fray Iñigo Abbad comenta: "Son pocas las casas de esta ciudad que no tienen algún patio o huerto que les sirve de mucho desahogo..., enramadas cubiertas... para gozar de su sombra y guarecer a las gallinas comunes, de Guinea, patos u otras aves que acostumbran criar, defendiéndolas por este arbitrio de los ardores del sol... La mayor parte tienen aljibes... Las de los españoles y ciudadanos acomodados están hechas de cal y canto, cubiertas de tejas; algunas tienen el techo de azotea. Nunca les echan más de un piso alto, que generalmente es de tabla... Las casas que habitan los mulatos y gente de color son de tabla y vigas... Los negros y gente pobre forman sus casas más groseras y reducidas. Apenas son otra cosa que una jaula hecha de cañas sostenidas por dentro de estacas... El techo es también de cañas cubiertas con yaguas. A estas casas llaman *bugíos*... La ciudad..., hermoseada de árboles y plantas, que resaltan entre las casas, formando un bosque en población... Los habitantes de la isla..., 68.605 almas de todas clases..., por la mayor parte se alimentan con los frutos de sus cosechas; pero no dejan muchos de gastar harina, vino, aceite, aguardiente, aceitunas, quesos, jamones y otros víveres extranjeros." Cuando algún acreedor les desposeía de las cosechas, con poco trabajo sembraban otra, y, mientras tanto "los plátanos, la leche de vaca, el café, la miel, los jueyes y pescado les sustentaban sin trabajo".

Se cultivaba con gran facilidad y abundancia maíz, fríjoles y arroz. "El algodón nace y se cría sin cuidado alguno... El tabaco se cultiva generalmente en todos los territorios: produce muy bien y en algunos es de excelente calidad... Dedican su cuidado con más esmero al café, que fructifica pasmosamente, pide poco cuidado y tiene salida segura para los extranjeros, que lo solicitan con ansia por su buena calidad... El cultivo de caña de azúcar es muy común en toda la isla: hay pocos hacendados que no tengan alguna porción de este plantío; pero son muy contados los que forman su principal cosecha de ella", pues requería un buen número de esclavos y grandes dispendios.[3] De los campesinos, dice Abbad que sus viviendas "son ideales según las circunstancias del país lo exigen". Dormían en

---

3. He aquí planteado ya, hace 150 años, el problema del azúcar en las Antillas. Cada día la industria azucarera fue requiriendo mayores dispendios y reservas crematísticas: más fuertes capitales; y, esto en colonias sin recursos monetarios contantes y sonantes. En cuanto a la necesidad de esclavos, la variación ocurrida no parece haber alcanzado substancialidad real: el esclavo ha sido sustituido por el peón. El cultivo de la caña, dados el progreso mecanicista de la manufactura de azúcar y los imperativos del mercado mundial, fue exigiendo cada día mayor extensión de tierras; lo que engendró, como consecuencia, la disminución progresiva de las fincas del jíbaro agri-

barbacoas o hamacas, protegidos por un "toldo de lienzo para preservarse de las nubes de insectos y sabandijas que hay en todas partes". Casi no tenían muebles. Con cocos y totumos se fabricaban vasijas. Su vestido era "muy sencillo, proporcionado al calor del clima". Además de los frutos de la tierra y de los cangrejos, "los que viven en los pueblos suelen tener carne fresca de vaca, que matan dos veces a la semana", y los que viven distanciados, "cuando hacen monterías". "Tienen abundancia de aves domésticas..., pero sólo las gastan en caso de necesidad." También comían cerdos y terneras, a veces, y en algunas regiones, la carne de unos bueyes cebones, "que toman un gusto delicado..., de las más apreciables y regaladas que se comerán en España ni en América." Añade que "usan mucho del café con miel", y que "jamás les falta un poco de leche de sus vacas, que es excelente". Por distracciones jugaban gallos, se corrían carreras de caballos y se organizaban bailes que duraban toda una semana.

Abbad no hace sino confirmar lo que poco antes escribiera el mariscal de campo Alejandro O'Reylly en su Memoria, con criterio militar y demasiado europeo: "Los vasallos de esta isla son hoy los más pobres que hay en América", dice: pero "con cinco días de trabajo tiene una familia plátanos para todo el año"; el cultivo de productos para el trueque comercial clandestino "les cuesta poco trabajo"; habitan "las mejores tierras de América, y sin tributos"; siendo la isla "una carga perpetua y pesada al Real Erario".[4]

cultor y la desaparición de las talas de agregados y peones. Todo ello sería así aunque no mediara el hecho, vital para las centrales, de tener que ajustar sus costos de producción a la competencia mundial. Al convertirse la caña de azúcar en monocultivo y base de nuestra economía, las consecuencias fueron el latifundio, el absentismo y la pauperización física y espiritual del peonaje. Aquí no hemos querido sino anotar ligeramente algunos de los datos principales referentes al tema azucarero.

4. En la Colección de Documentos Muñoz de la Academia de la Historia de Madrid (así como en otras fuentes) hay numerosos indicios de la importancia estratégica que a la isla se le concedía. Veamos unos cuantos ejemplos: "Aquella isla es la puerta de la navegación de esotras" (Doc. Muñoz; t. 76, fol. 224 vuelto, año 1520). "Siendo esta isla la llave de las Indias, debe estar segura" (Carta de Gama, Vargas, Castro y García Troche dirigida al Emperador, 1529). "Esta es la entrada de las Indias; somos los primeros con quien topan los franceses e ingleses corsarios" (Gob. F.M. de Lando, carta al Emperador). "Esta isla en estas partes es otra Rodas de la cristiandad. Ningún navío puede venir a todo lo descubierto que desta isla no puedan ser señores del habiendo aparejo para correr el mar" (Molina en 1542). Un año antes, el Tesorero

Castellanos insistía: "Esta isla es la llave de los que van y vienen a todas estas partes", por lo que aprobaba la construcción de fortalezas, pero aconsejaba como medida aún más importante "favorecer la población". Una centuria después dice el cronista Torres Vargas: "De esta superioridad y eminencia viene a gozar en las Indias Occidentales la isla de Puerto Rico, como primera de las pobladas y principal custodia y llave de todas". Como vemos, la reiteración toca en la monotonía. Después de terminadas las guerras de la independencia hispanoamericana y con la subsiguiente alteración del mapa político de América y los posteriores cambios en la ciencia y el arte de navegar —debidos al desarrollo de la aplicación de la máquina de vapor—, Puerto Rico perdió toda importancia estratégica para España. Los Estados Unidos, al revés que a Cuba y a Santo Domingo, parecen no haberle concedido a Puerto Rico valor militar, hasta que recientes adelantos o perfeccionamientos en la navegación aérea pusieron de manifiesto, durante la actual crisis europea, la posible utilidad de nuestra isla. Durante el régimen del Gen. Winship como gobernador de Puerto Rico, adquirió de pronto la isla —cuando menos en los titulares de los periódicos— importancia tal que se le ha llegado a llamar nada menos que "el Gibraltar del Caribe", "el Cancerbero del Canal de Panamá" y otras hipérboles por el estilo. Esto tiene visos de exageración provocada, probablemente, por factores políticos en la relación de la isla, bajo Winship, con los Estados Unidos. Ajeno todo ello a la estrategia pura. Posteriormente, los hechos, especialmente las medidas estratégicas tomadas por los Estados Unidos, tanto en Puerto Rico como en otras islas, indican una revisión del exagerado concepto gibraltarino y cancerbérico de nuestra antilla como avanzada defensiva. Lo cual no implica que la isla no haya vuelto a tener en las presentes circunstancias un relativo valor estratégico como base auxiliar en la defensa del continente.

SIGLO XVIII
LA PLAZA FUERTE Y LA COLONIA
TRANSICION

Con la muerte de Carlos II el Hechizado, termina en España —ya en plena decadencia— la dinastía de los Austrias y comienza una nueva política internacional bajo la casa de Borbón y el influjo de Francia. Esto coincide con el principio del siglo XVIII. Convertida en satélite del rey francés durante casi todo el siglo, la monarquía española, en guerras contra Austria y la Gran Bretaña (y aun contra el propio pueblo de Francia, constituído en República), acaba de perder, con los reinos de Italia, las últimas de sus posesiones europeas fuera del patrimonio peninsular. También se ve obligada a ceder el Peñón de Gibraltar y la isla de Santo Domingo, además sufrir otras mermas en sus territorios de Norteamérica y de Africa.

Afortunadamente, estos conflictos no tuvieron repercusión bélica en Puerto Rico sino en las postrimerías del siglo, cuando, entablada una nueva guerra contra los ingleses, las flotas reunidas de Abercromby y de Harvey pusieron sitio a San Juan. El asedio duró poco, y no tuvo graves consecuencias.

Durante el siglo, goza la isla de paz por más de noventa años sucesivos. Al amparo de este prolongado período de paz, se echan en la tierra los verdaderos cimientos de la sociedad puertorriqueña. No fue sólo la pacífica tranquilidad del territorio, sin embargo, sino otras circunstancias también —entre ellas, la previsión de posibles ataques—, lo que empezó a dar auge a la colonia.

Las reformas y mejoras de las fortificaciones continuaron hasta convertir a San Juan en la segunda plaza fuerte de América. Con este objeto se libraron fondos extraordinarios contra las rentas reales de México. Así se aumentó enormemente el numerario que entraba en la isla cada año, con las favorables consecuencias que son de suponer. Al mismo tiempo se aumentó también la guarnición, que aportó a la colonia nueva sangre, además del incremento en haberes.

La lucha por desalojar a los extranjeros de las Islas Vírgenes no cesa; pero se prosigue principalmente por medio de armadores nativos, que provistos de patentes de corso, realizan las expediciones como un negocio particular, las más veces provechoso.

Las condiciones de comercio y tráfico mercantil mejoran notablemente en la segunda mitad del siglo. En 1756 se crea la Compañía Barcelonesa de Nuestra Señora de Montserrat, para negociar con Puerto Rico, Santo Domingo y Venezuela. El monopolio comercial se liberaliza. Luego se establece un correo mensual de La Coruña a La Habana, con escala en Puerto Rico. Por último, se funda en la isla la Real Factoría Mercantil, para el comercio con los vecinos extranjeros, que produjo en seguida pingües ganancias.

Hasta mediado el siglo, la posesión de cortijos de labranza y dehesas estaba sometida a un régimen de carácter feudal, que arrancaba del principio de la conquista. Los monarcas habían ido otorgando cédulas hereditarias de vecindad, "que aparejaban la concesión de determinadas caballerías de tierra". Para 1750 existían todavía muchos hatos realengos, además de otras parcelas usufructuadas por ocupantes sin título legítimo alguno. En 1759 se reconoció la propiedad de las haciendas a todo el que, con título o sin él, las tuviere bajo su dominio o cultivo. Se dispuso también "la distribución y venta parcelaria de los hatos realengos"; y se creó una contribución territorial con destino al vestuario y armamento de las milicias disciplinadas.

Otras medidas de interés fueron la introducción del cultivo del café, que pronto adquirió gran importancia y luego hizo famoso el nombre de nuestra Antilla en los mercados del mundo; y las reformas monetarias que para satisfacer necesidades perentorias se llevaron a cabo bajo el reinado de Carlos III.

Del primer puesto entre las naciones, España había descendido a ocupar un lugar secundario, casi como mero instrumento en los designios de la política. Sus antiguos enemigos habían llegado a poseer colonias florecientes. Entre ellas, las trece colonias inglesas de Norteamérica, que, a fines de siglo, se independizaron con la ayuda de Francia y España para formar los Estados Unidos. Y aquellas potencias extranjeras, que habían aceptado el concurso de la pi ratería como auxiliar en la lucha contra España, eran ahora dominadoras del comercio y no despreciaban el contrabando como medio de extender su tráfico e introducir sus manufacturas en las acotadas colonias españolas. Incidentalmente, esa actividad contrabandista produjo grandes beneficios a los agricultores puertorriqueños, pues, de espalda al fisco, en un intercambio comercial sin gravámenes, ofrecía fácil salida a los productos de la tierra.

Desde un principio, España había sometido el comercio con sus colonias a un monopolio, que llegaba hasta restringir el número de puertos abiertos al tráfico en Ultramar y en la Península. Este era un criterio administrativo de la época, y la misma Inglaterra siguió los pasos de España con sus *Navigation Acts*. El primer obstáculo que había de desvirtuar los pretendidos beneficios de esa política fue que pronto no hubo en la Metrópoli géneros suficientes para abastecer los mercados de las colonias, apelándose entonces a la simple reventa de artículos extranjeros encarecidos por el traspaso. Distraídas las energías y caudales en satisfacer apremios de la política netamente europea, tampoco contaba España con una flota mercante capaz de mantener el tráfico frecuente y regular que exigía el monopolio. Otros factores favorecían el trato ilícito: las depreciaciones de la moneda circulante, que encarecía los precios de los artículos comprados a España; el estar exentas de toda tributación las mercancías contrabandeadas; las facilidades prestadas por los extranjeros, que aceptaban el canje directo de productos agrícolas por lencerías y otras manufacturas, y la comodidad y el ahorro de poder tratar en la vencidad de las haciendas, suprimiendo fletes y dificultades que se originaban del envío al puerto autorizado legalmente para el comercio.

La realidad se impuso, y la necesidad saltó sobre la ley. En cuanto el establecimiento de colonias extranjeras en el Caribe brindó oportunidad, floreció abierta y vigorosamente el contrabando en Puerto Rico. El monopolio oficial fue pronto letra muerta. Los holandeses de las Vírgenes se atrevieron a proponer por dos veces durante un mismo año (1663) el comercio fraudulento al Gobierno de la colonia puertorriqueña. La presencia de barcos contrabandistas llegó a ser común y corriente en los puertos y radas del litoral. El asiento de Felipe V permitiendo a los ingleses la importación de esclavos africanos a las Antillas dió lugar al arribo de buques ingleses que se dedicaban al contrabando en vez de a la trata de negros. Hasta la misma Compañía Barcelonesa participó del ilícito negocio. En él intervinieron habitantes de la isla de todas las clases sociales, sin excluir clérigos y funcionarios. Hubo hasta un gobernador, el sargento mayor Abadía, que con el instinto de rapiña organizada de los grandes *raqueros* modernos del contrabando alcohólico de Estados Unidos, monopolizó por varios años el intercambio clandestino por medio de testaferros y de cinco casas comerciales dedicadas a encauzar la trata.

Poco a poco fue liberalizándose la restricción comercial impuesta por la Metrópoli, hasta caducar por completo con el correr de los años. Pero el arraigado contrabando subsistía aún en el último cuarto del siglo XIX; cuando Antonio Sendrás y Burín afirma que entre los tres elementos sociales que se agruparon para fundar el partido conservador figuraban, en segundo lugar "los comerciantes a quienes el contrabando proporcioaba el medio de enriquecerse pronto".

Con la paz y el progreso económico de la isla durante el siglo XVIII coincidió un notabilísimo incremento en el número de habitantes. Resumiendo los datos principales de la población en los dos siglos anteriores, vemos que cuando la rebelión india (1511), "los españoles apenas pasaban de ciento" En 1515 había sesenta vecinos[1] en toda la isla (Lic. Velázquez). Según Bastidas, la isla tenía 130 vecinos en 1548. En 1556 habían aumentado a 150. Por los años de 1646, López de Haro calcula que hay en la ciudad unos 200 vecinos, más 300 soldados, y Torres Vargas cuenta 500 vecinos en la ciudad, más 200 en la jurisdicción de San Germán. Al comenzar el XVIII, por la revista de las Milicias de julio de 1700 se deduce que había en las islas unos 1.000 hombres entre dieciséis y sesenta años de edad. En 1759 había 5.611 hombres aptos para tomar las armas. En la Memorias de O'Reylly (1765) figura una población total de 44.883 almas, de las cuales, eran esclavos 5.037. Luego, a intervalos de diez años, los censos dan los siguientes números redondos:

---

1. Distíngase entre vecino y habitante. En esta época, los vecinos eran quienes tenían *cédula de vecindad*, que usualmente aparejaba concesiones de tierras o repartimiento de indios, o ambas cosas. Los hijos de familia, las esposas, los criados y esclavos, etc. etc., no eran vecinos.

Año	Total de Almas
1776	70.000
1786	96.000
1796	133.000

Por último, en el año 1800 contaba la isla con 155.426 habitantes, según la Memoria de don Pedro Tomás de Córdoba.

El aumento de población ocasiona la fundación de una treintena de pueblos en el transcurso del siglo.

Este crecimiento inusitado de la población tiene sus causas, aparte el bienestar general, la paz y el progreso económico, en la cesación de emigraciones y en varias inmigraciones que, a su vez, influyen en el desarrollo económico.

Las inmigraciones fueron de diversas clases, y se debieron a causas distintas: a) el aumento de la guarnición y los numerosos casamientos de la tropa "con mulatas y otras hijas del país", que dieron lugar a repetidas y pintorescas pugnas entre obispos y capitanes generales. b) La importación de confinados y desterrados. c) El arribo de esclavos extranjeros prófugos, a quienes, bajo la protección del Consejo de Indias y del Gobierno local, se les concedió amparo, libertad, tierra y recursos, mostrándose ellos, en cambio, "morigerados, laboriosos y leales". d) El traslado de familias canarias, comenzado desde el siglo anterior, que en número de setenta y tantas "se avecindaron por el Toa, Bayamón y Loíza". e) Desertores y pasajeros de las flotas españolas que recalaban anualmente en Aguadilla. Flotistas y pasajeros que deciden quedarse en este primer puerto, atraídos por "la abundancia de víveres, la humanidad y buen trato que encuentran en los isleños de Puerto Rico; la situación deliciosa". Y "muchos marineros y soldados que se ocultan al abrigo de los naturales: de suerte que en la flota del año 72 (1772), mandada por el señor don Luis de Córdoba, se quedaron en esta isla más de mil españoles; y no fueron muchos menos los que se ocultaron en el 76, en la que mandaba el señor don Antonio de Ulloa". (Abbad). f) Los extranjeros católicos peritos en la fabricación de azúcar, que se acogieron a una real orden en que se les permitía avecindarse. g) Los refugiados franceses de la revolución haitiana, que buscaron asilo en nuestras playas. h) Dominicanos y peninsulares procedentes de Santo Domingo que prefirieron acogerse a Puerto Rico antes que vivir bajo extraña soberanía, cuando se cedió a Francia la vecina isla.

Otros adelantos del siglo, aparte de los ya nombrados, son la agregación de una Intendencia de Ejército y Provincia a la Capitanía General; la creación de la Aduana y la Secretaría de Gobierno; la construcción de un Hospital civil y el establecimiento de la primera farmacia en la isla por el poder militar; el empedrado de las calles de San Juan; la organización del primer servicio de correos a caballo; la matrícula de gentes de mar con privilegios de pesca y cabotaje para los inscritos; el sondeo de los puertos; el levantamiento del plano de la bahía de San Juan, y la institución de una Capitanía de puerto. Antes de terminar el siglo publica Fray Iñigo Abbad y Lasierra la primera historia de Puerto Rico: *Historia Geográfica, Civil y Natural de la Isla de San Juan Bautista de Puerto Rico.*

Puerto Rico comenzaba, pues, a tener verdadera historia propia, El pequeño puesto militar del Imperio se había transformado en importante plaza fuerte. El triple carácter con que se iniciara la ocupación de la isla subsistía. Por el lado de Oriente era todavía Puerto Rico la retaguardia del poder español en el Caribe, frente a los establecimientos extranjeros de Barlovento. La isla seguía viviendo en función de los dominios imperiales de la tierra firme; sus puertos servían de recalda a las flotas; sus gastos mayores se proveían con rentas continentales; y, en el último cuarto del siglo, el estadista Abarca de Bolea —conde de Aranda— nos llamaba "el pie más firme de España en América", y "el antemural de todo el continente". La conquista del trópico proseguía; la tierra había sido modificada y poblada; el interior no era ya una selva virgen; con las mezclas de sangre y las modificaciones impuestas por el clima, habían aparecido varios tipos criollos; y la civilización occidental había arraigado en el nuevo medio. Pero al mismo tiempo se había ido organizando la colonia como tal, con carácter de población civil, además del eclesiástico y militar que desde su origen tiene. Y al finalizar el siglo XVIII, Puerto Rico es ya algo más que un mero peñón fortificado y una iglesia catedral sin rentas

SIGLO XIX
DESARROLLO POLITICO —DE LAS CORTES DE CADIZ A LA AUTONOMIA

A principios del siglo XIX, Napoleón Bonaparte, para defender la hegemonía de su Imperio, amenazada por el poder naval inglés, decide incautarse de la Península Ibérica y sienta en el trono de España a su hermano José. Contra este golpe de mano se alzó el pueblo español, y, ayudado por lo ingleses, logró expulsar al invasor (1800-1813).

En el interregno producido por la usurpación aparece en España, con marcada vitalidad, el liberalismo político: adaptación nacional de las tendencias del Enciclopedismo filosófico francés (1751-1772), y·heredero de las ideas democráticas que encarnaron en los llamados Derechos del Hombre durante la Revolución Francesa (1789-1795). En las Cortes de Cádiz (1812), cuajaron estos principios en el molde español de una Constitución que había de ser banderín de enganche en luchas posteriores. Al regresar Fernando VII "al trono de sus mayores", quiso y logró, por arte de felonías, volver a entronizar también el ya superado absolutismo. Esto dio lugar a prolongadas y repetidas luchas civiles en la Península; contiendas ideológicas y guerras civiles que llenaron el siglo, y característicamente repercutieron entre los españoles de América. El sentido profundo de estos conflictos lo expone D. Luis de Zulueta con estas palabras: "Desde finales del siglo XVIII hasta comienzos del XX, toda la historia interna de nuestra patria se condensa en un solo impulso, en un solo anhelo, en una única aspiración: hay que hacer una nueva España." (*El Sol,* Madrid, año XIX, número 5.487). Pero al "ímpetu renovador ascensional" se oponían "las densas resistencias" que "lo persiguen, lo calumnian, lo ahogan".

En América, del Plata a México, la lucha civil tomó pronto el carácter de movimiento emancipador (1810-1824), de rebeldía contra la centralizadora dominación de la Metrópoli. El resultado fue la total independencia de las Repúblicas hispanoamericanas del continente.

En las Antillas sigue, sin embargo, ondeando el pabellón español por muchos años Pero esto no quiere decir que el encono político y la pasión combativa de ideales antagónicos no se reflejaran en las islas. En Cuba estalló la lucha sangrienta años más tarde. En Puerto Rico —aparte de que hijos de la tierra salieran a batirse por uno u otro bando fuera del solar nativo— se polarizó la contienda, como en España, en dos tendencias: la renovadora y la reaccionaria, que localmente dividieron los ánimos en liberales, avanzados, reformistas, autonomistas y hasta separatistas, de un lado, y conservadores, integristas e incondicionales, de otro. La rebelión armada no pudo tener sino brotes tardíos sin importancia. Las características de la isla —presidio militar, limitada extensión de territorio, ausencia de maniguas, propicias a la guerrilla, etc.— no permitieron otra cosa. Tuvimos que encauzar la lucha liberalizante y emancipadora por el terreno jurídico y político; y triunfante la revolución en el Sur, continuamos debatiéndonos dentro del seno mismo de las instituciones peninsulares. Proceso evolutivo, paciente, lento, atenido a los vaivenes de la vida metroplitana y a los azares de la política central.

El forcejeo emancipador de los dominios continentales conmovió la opinión en la isla. Como indicio de ello puede citarse el incidente promovido, en 1810, a la llegada del comisario regio encargado de dirigir desde San Juan las "operaciones pacificadoras" contra Venezuela. Bastó que pensase en utilizar las milicias nativas para que el vecindario le hiciese saber que el pueblo isleño "no sufrirá jamás que se saque un solo miliciano para llevarlo a pelear contra sus hermanos los caraqueños". Y el buen comisario acabó por limitarse, én su pacificación, a poner en libertad tres diputados venezolanos que se hallaban presos en el castillo del Morro.

Cuajaba ya la voluntad de pensar y actuar por cuenta propia y se tomaban partido y decisiones como pueblo y no como meros agentes del Gobierno central ni como pasivos súbditos de la Corona. Otra anécdota de comienzos de siglo, aunque de diverso orden a la anterior, confirma esta capacidad de iniciativa. En 1796, el médico inglés Edward Jenner había hecho público su procedimiento de vacunación contra la viruela. Pocos años después se preparaba en España la real expedición de la vacuna, para implantar en la América española la nueva medida preventiva. Mientras tanto, el virus profiláctico había sido introducido en Santomas. Al aparecer en 1803 un brote de viruelas en nuestra isla, las autoridades correspondientes agenciaron la importación de la vacuna directamente de la vecina colonia extranjera, y se trajo semilla por medio de "una negrita vacunada en ambos brazos". No tardó en llegar la corbeta de guerra *María Pita*, y en ella la científica expedición española (1804), dirigida por don Francisco Balmis, médico honorario de la Real Cámara; pero a su arribo ya habían sido vacunadas por el cirujano mayor de la plaza, D. Francisco Oller, más de mil quinientas personas en menos de un mes. Sorprendido y contrariado Balmis, desfogó su sorpresa y su contrariedad en inadecuados gestos de soberbia y mal humor, aunque luego tuvo que dar por buena la intervención de Oller.

Sin dar desmedida importancia a estas efemérides, deben anotarse como manifestaciones locales y significativas de una opinión pública conciliadora y respetuosa para con la administración central, pero independiente de las normas oficiales emanadas de la Metrópoli, con criterio propio y capacidad de iniciativa suficientes para intentar satisfacer las inclinaciones naturales de la población sin ciego sometimiento a los dictados del Gobierno de Madrid, y para ensayar el remedio de las necesidades urgentes de nuestra sociedad sin apelaciones dilatorias a la sede del Imperio. Mostraba, pues, desde sus comienzos, nuestro siglo XIX síntomas de la evolución que se operaba en los habitantes de la isla como entidad definida y distinta de la regimentada guarnición de la plaza militar.

El proceso de multiplicación, sedimentación y adaptación de una masa de habitantes radicados en el país, unificados por costumbres apropiadas a las circunstancias, y organizados bajo instituciones adecuadas, que constituye la base de la formación de un pueblo, y la subsiguiente etapa de creación de una conciencia de unidad diferenciada, de ideales comunes o al menos preponderantes; las manifestaciones de esfuerzos colectivos, la aparición de rasgos típicos, de hombres representativos, productos del suelo, en armonía con el medio, pero de estimable valor dentro del marco universal, que implica la cristalización de ese pueblo, son en Puerto Rico procesos, más que lentos, tardíos.

Todo ello tiene que ir tejido sobre favorables condiciones económicas, y en Puerto Rico se retrasaron estas condiciones largo tiempo, por nuestro original carácter de puesto fronterizo, de paraje de tránsito, de estación experimental, mientras las verdaderas fundaciones y colonizaciones se llevaban a cabo en tierras más ricas y más amplias.

El primer período en la formación de nuestro pueblo no se logra sino ya mediado el siglo XVIII, seco ya en sus raíces el poderío español, cuando Puerto Rico empieza a vivir en paz para sí mismo. La población se sedimenta; se abre cauce a las inmigraciones y al comercio; entra con relativa abundancia dinero de las Indias realmente doradas, pagando así el imperio colonial nuestra función de avanzada y parachoques.

La segunda etapa se desarrolla a lo largo del siglo XIX, hasta quedar, por circunstancias anejas a nuestro destino histórico y a nuestra posición geográfica, temporalmente yugulada en el 98, cuando iba a lograrse por completo encarnada políticamente en la fórmula autonómica.

A pesar de los vaivenes que en la Metrópoli llevaban al poder a los absolutistas y militaristas, imponiendo su política a la colonia, crece, no obstante, en esta última el concepto civil, jurídico y político de la organización social. Vemos, por ejemplo, que mientras en el siglo XVIII se suscitaban pintorescas pugnas de autoridad y competencia entre la Sede Episcopal y la Capitanía General, sobre conflictos de patronato, disciplina, costumbres y sacramentos —triunfando casi siempre el poder militar, aunque apelase alguna vez el obispo a excomulgar al general—, durante el siglo XIX la Capitanía General tuvo que habérselas no con la Iglesia, sino con el Poder judicial, representado por la Audiencia.

En ocasiones en que algún gobernador se extralimitaba en sus funciones o abusaba de su poder, fue casi siempre el ejecutivo el que tuvo que ceder o salir derrotado ante el Poder judicial, al revés de lo que ocurría en el anterior siglo frente a la autoridad eclesiástica.

Como ejemplos que confirman esta afirmación pueden citarse los casos siguientes, espaciados en el siglo de veinte en veinte años:

1848. El capitán general D. Juan Prim (conde de Reus) ordena el arbitrario fusilamiento del cuatrero Aguila Blanca. Protesta el Tribunal. Prim alega "facultades omnímodas". Pide la Audiencia protección al Poder soberano. El monarca (Isabel II) firma el decreto de sustitución de Prim por el general Pezuela.

1867. El general D. José María Marchesi ordena la deportación, sin previo procedimiento judicial, de un grupo de patriotas. Al mismo tiempo, pretende implantar la pena de azotes a hombres de condición libre. El regente de la Audiencia, D. Joaquín Calbetón, combate el atropello. Marchesi le amenaza con la deportación. Calbetón mantiene su actitud, "y pocos meses después sustituía al arrebatado gobernante D. Julián Pavía". Los deportados (salvo Betances y Ruiz Belvis, que no habían cumplido la orden) fueron restituídos a sus hogares por el ministro de Ultramar.

1887. El general Romualdo Palacios establece los ignominiosos castigos corporales llamados "componentes". Procesa a un grupo de autonomistas, que son absueltos por el juez. Palacios pide la destitución del juez y quiere someter la Audiencia a su arbitrariedad. Se expiden informes directos al ministro de Ultramar y la Audiencia recurre en su protesta a España. Palacios es destituído por cable, ordenándosele resignar el mando en el segundo cabo (general Contreras) y embarcar para la Península inmediatamente. Cesan los "componentes". Se dio libertad a los detenidos y el Tribunal reservó a los agraviados el derecho de reclamar en justicia contra los vejámenes sufridos. La gobernación de Palacios dura sólo de enero a noviembre.

El progreso general de este siglo va ligado a la creación de una verdadera Hacienda pública, casi inexistente hasta entonces. La iniciativa de ello partió del oficial de Marina D. Ramón Power, natural de la isla, vocal por Puerto Rico de la Junta Suprema Gubernativa de la nación, y luego diputado, también por Puerto Rico, a las Cortes de Cádiz, de las que fue vicepresidente. A él se debe la creación de la Intendencia de Hacienda, desligada de la Capitanía General (1811), y el nombramiento de D. Alejandro Ramírez como primer intendente, quien introdujo acertadas e importantes reformas económicas.

Hasta principios del siglo, la vida económica de Puerto Rico giraba alrededor de las importaciones de numerario hechas por la Corona para satisfacer necesidades de la plaza. El "Situado" era un "nuevo maná" que se recibía con músicas y repiques de campanas. La economía de la isla llevaba —por así decirlo— una existencia parasitaria. La revolución mexicana dió al traste con esta situación, y el "Situado" cesa en 1810. La supresión de esa entrada anual, relativamente enorme, debió tener caracteres de catastrófe para los puertorriqueños de aquella época. La colonia, obligada por las circunstancias, empieza entonces a vivir una vida económica propia. Suerte tuvo la isla en contar para sus primeros pasos por ese camino con un guía tan hábil como lo fue su primer intendente. Ramírez no limitó su actuación a lo estrictamente oficial y burocrático de su cargo, sino que influyó en la colonia por otros medios. El creó la Sociedad Económica de Amigos del País para promover la industria, la agricultura y el comercio y la propagación de conocimientos útiles; y "cuyos servicios en pro del adelanto moral no necesitan ser encomiados". También fundó el *Diario Económico,* en colaboración con D. José Andino.

Pero aunque el intendente encontró "exhaustas las cajas del tesoro, sin esperanzas de cobrar cuatro millones de atraso" (Brau), y aunque gracias a su administración Puerto Rico salió de "la terrible crisis... se acostumbró a contar con sus solas fuerzas para vivir y medrar; aumentó... su riqueza, su industria, su comercio y su cultura; cimentó en más sanos principios su vida económica, y pudo esperar con fundamento sólido, del natural desarrollo del sistema progresivo con que fue dotado, días de holgura y prosperidad" (J. G. Gómez y A. Sendrás y Burín), todo no fue obra de un solo hombre, sino que ese hombre, instrumento de la nueva política liberal de España, nombrado él y creado su cargo por iniciativa de un representante de la colonia misma, facilitó con sus disposiciones y ayudó con sus actividades el cambio de orientación que la realidad imponía a la isla.

Con la nueva economía se dan nuevas franquicias y estímulos al comercio. El tráfico con extranjeros, por ejemplo, que en el anterior siglo había sido una "concesión transitoria y no un derecho", se establece y autoriza definitivamente con la proclamación de la Real Cédula de Gracias (1815); aunque limitado a Estados Unidos y a las colonias extranjeras.

Paso a paso prosigue el aumento de población, acelerado por nuevas inmigraciones. Renovados trastornos en Haití y Santo Domingo provocan en la vecina isla emigraciones a Puerto Rico. La mencionada Cédula de Gracias facilitó el establecimiento de extranjeros católicos, y a ella se acogieron emigrados de la Luisiana, que "concurrían con su caudal, inteligencia y actividad a la explotación de la caña de azúcar". Las represalias decretadas por Bolívar contra peninsulares y canarios, la derrota de las armas españolas en Carabobo y las capitulaciones de Cumaná y Cartagena indujeron a españoles de Venezuela y a criollos leales a la Corona, a buscar refugio en San Juan. El éxodo venezolano fue tan grande, que al mes de la batalla de Carabobo (1821) arribaban a nuestras playas "ocho buques y una fragata inglesa" cargados de expatriados. Entre ellos se contaban familias enteras, necesitadas de ayuda perentoria, y el pueblo isleño, que había protestado contra Cortabarría y en favor de los rebeldes caraqueños, quiso amparar ahora a los leales derrotados y acudió en su socorro con una suscripción popular, mientas las autoridades les habilitaban conventos para su alojamiento. Esta generosa acogida fue largamente compensada, pues entre los refugiados había personas acomodadas y cultas que por un lado contribuyeron con sus bienes y alhajas a la rehabilitación económica de la isla, y, por otro, "aportaron, como inapreciable elemento, una cultura difundida no sólo por las relaciones generales y la ejemplaridad doméstica, sino también por la instrucción pública, principalmente de la mujer, a que se dedicaron no pocas emigrantes". (Brau). Tanto extranjeros naturalizados como forasteros de habla castellana se incorporaron a la vida puertorriqueña y se fusionaron con la población nativa.

Con el desarrollo económico propio y el progresivo aumento de población crecen los adelantos materiales y la importación de elementos de cultura y de progreso.

Escalonados durante el siglo van apareciendo los siguientes adelantos:

En 1820 se inaugura el alumbrado público de la capital. De 1813, en que se da principio a la carretera de San Juan a Caguas, hasta 1886, en que se termina la carretera central, va poco a poco creciendo el número de caminos y puentes. Las comunicaciones por vía férrea comienzan con el tranvía de Mayagüez a su playa (1875), el de San Juan a Río Piedras (1880) y el de Cataño a Bayamón (1883). En 1888 se empezaron las obras del ferrocarril de circunvalación. La primera línea telegráfica la estableció S. F. B. Morse en 1859, y en 1898 había en la isla 41 estaciones de telégrafo. El primer cable submarino se autorizó en 1870, y el primer servicio telefónico se inauguró en San Juan en 1897. Durante el último cuarto de siglo se crearon cajas de ahorros y bancos nativos. (Datos de Brau y de Miller).

Desde antes de mediar el siglo XVI se publicaban libros en México. El primero impreso en Lima data de 1584, en Manila, de 1593, y en Guatemala, de 1660. Pero en Puerto Rico la introducción de la imprenta se debió a las inmigraciones extranjeras de principios del XIX. La primera que funcionó en el país fue traída por un refugiado francés llamado Delarue. El entonces capitán general, D. Toribio Montes, conciliando las restricciones coloniales, que prohibían su posesión a un extranjero, "con la utilidad del servicio, compró la imprenta y la instaló como dependencia auxiliar de la Capitanía General", y ordenó "la publicación de una Gaceta bisemanal, pequeño periódico cuyo primer número se dio a luz el 31 de diciembre de 1807". (Brau). Pocos años después fundaba el intendente Ramírez su *Diario Económico*, "destinado a vulgarizar los principios" de la Sociedad Económica de Amigos del País.

Las Cortes de Cádiz habían decretado la libertad de imprenta, salvo en materia religiosa; pero Fernando VII la suprime, hasta que el pronunciamiento de Riego abre un período constitucional que termina en 1823 con la vuelta al despotismo de Fernando VII, ayudado por un ejército francés.

Con las franquicias constitucionales aparecen en Puerto Rico los primeros periódicos de tendencias políticas: *El Cigarrón, El Investigador, El Eco*. Después, durante todo el siglo, nacen y mueren muchas hojas de diversa orientación. Del 1820 a 1900 surgen cuando menos tantos como el número de años transcurridos. La censura gubernativa coartó la libre expresión y acabó con un buen número de periódicos. Hubo algunos cuya vida se contó por días, y *El Boletín Mercantil*, tras transformaciones que lo llevaron a ser órgano oficioso de los Gobiernos conservadores, perduró por espacio de tres cuartos de siglo.[1]

El subibaja de la política metropolitana hacía que las autorizaciones, decretos y franquicias que firmaba la izquierda fueran anulados o entorpecidos por la derecha, retrasando la curva de nuestro desarrollo cultural con frecuentes y radicales cambios de política y orientación. A esta contingencia estuvieron sujetas las instituciones públicas y privadas de enseñanza. Pero no obstante sus limitaciones y las dificultades creadas a su eficacia, ellas sembraron los gérmenes en que había de cimentarse la cultura de nuestros hombres más representativos. Hasta fines del siglo XVIII, "las escuelas de Puerto Rico habían sido, desde la conquista, obra misericordiosa del clero, regular y capitular, que sostenía clases de gramática". (Brau). Conviene aclarar que en esa época se entendía vulgarmente por gramática la de la lengua latina, pero desde mucho antes, el concepto erudito —que debe ser el de la cita— de gramática era el que define Rosal en su glosario (1601): "Arte que enseña lenguaje; es palabra griega y quiere decir arte de letras, porque enseña las primeras letras... Y como de Letra decimos letrado así el Romano llamó Gramático al Letrado o Sabio; porque el alphabeto y primeras Letras fueron hieroglífico de la Sabiduría porque son puerta y principio de ella..." Es decir, que estas clases pueden considerarse como algo análogo a lo que en inglés se entendía, y todavía se entiende en Puerto Rico, por "Grammar School". Para 1770 se reconoció oficialmente la necesidad de la instrucción pública, exhortándose a los tenientes a Guerra que procurasen la creación de una escuela en cada distrito, obligando a todos los padres a mandar cuando menos uno de cada dos hijos a ella y disponiéndose además que fuesen recibidos como alumnos "indistintamente todos los niños que se remitieren, sean blancos, pardos o morenos libres". Esto último es digno de subrayarse, pues denota la temprana convivencia de las razas. En las primeras décadas del XIX se formularon diversos planes de instrucción, entre ellos la adopción del sistema lancasteriano de enseñanza mutua y gratuita y la creación de escuelas noc-

---

1. Sobre la Prensa en Puerto Rico, véase el libro póstumo de Antonio S. Pedreira, que acaba de aparecer (1941). Aquí se sigue a Brau.

turnas para artesanos adultos. Por aquel entonces llegó a discutirse la fundación de una universidad; y en 1816 se organizaba una cátedra de Medicina en el Hospital, bajo la dirección del doctor Espaillat, catedrático de Salamanca.

Al triunfar el absolutismo, la ensañanza privada volvió a quedar reducida a las iniciativas eclesiásticas y particulares. Después, en el transcurso del siglo, se intentaron varios planes de organización y reforma de instrucción elemental. Entre ellos figuran los proyectos de los generales Rafael Aristegui (1844-1847), Juan de la Pezuela (1848-1851), quien inspeccionó personalmente las escuelas de todos los municipios y "sometió a oposiciones la provisión de maestros"; Félix María de Messina, que decreta un nuevo plan de estudios (1865), y bajo su mando asciende el número total de escuelas a 283; José María Marchesi, que crea la Inspección general en 1886; Eulogio Despujol, quien organizó la instrucción en 1880, ordenando la instrucción elemental obligatoria y gratuita para todos los niños pobres.

Pero todos estos planes y reformas no llegaron nunca a dar plena satisfacción a las necesidades de la creciente población, y al terminar el siglo sólo había en la isla 529 escuelas públicas primarias para unos 900.000 habitantes. Todas ellas fueron creación del siglo, y el esfuerzo que representa su existencia es considerable si se tiene en cuenta que la instrucción pública estuvo continuamente zarandeada por la ley del capricho de ciertos gobernantes y los vaivenes de la política. Por otro lado, el mundo aún no estaba convencido, a principios del XIX, de que la instrucción pública y gratuita era función primordial del Estado.[2]

A la organización oficial se sumaba en todo tiempo la iniciativa particular, que "se prodigaba caritativamente". Entre los particulares se distinguió "el maestro Rafael Cordero, negro misericordioso que juntaba en la ciudad, alrededor de su mesa de tabaquero, a los hijos de encopetados funcionarios con los de oscuros menestrales, para distribuirles gratuita enseñanza; conducta observada en toda

---

2. El zarandeo de la instrucción pública por la politiquería personalista local y la política colonial de la Metrópoli siguió siendo de actualidad, por muchos años, bajo la bandera de EE.UU.

la isla por mujeres, algunas de ellas negras o mulatas manumisas, madres intelectuales de toda una generación..." (Brau). Este pan intelectual, compartido democráticamente alrededor de la mesa de trabajo de un noble obrero negro, es otro indicio de convivencia racial, y tuvo que influir en las ideas y en la formación de una de las mejores de nuestras generaciones, que es a la que se refiere la cita de Brau.

El presbítero Rufo Manuel Fernández, ex-catedrático de la Universidad de Santiago, fue gran propagandista y estimulador de los estudios científicos; a él se debieron, entre otras iniciativas, el establecimiento de un laboratorio de física y química bajo su dirección, y el estímulo brindado a la juventud estudiosa por la creación de becas de estudios en la Península. Román Baldorioty de Castro y José Julián Acosta fueron de los primeros en beneficiarse de estas becas; y al regresar al país en 1853 aplicaron "desde luego, sus aptitudes y conocimientos en beneficio de la cultura insular".

La Sociedad de Amigos del País mantuvo clases de Francés, Dibujo, Matemáticas, Agrimensura, Comercio y Geografía. Desde 1825 existían cátedras de Latín, Filosofía y Teología, empezando a funcionar el Seminario Conciliar en su edificio propio el año de 1832. En 1840 se crean cátedras de Derecho. En octubre de 1841 se fundó la Real Subdelegación de Farmacia, que "contribuyó a dar carreras útiles a la juventud". La Junta de Fomento y Comercio instituyó cursos de agricultura, náutica y comercio en 1854. En 1858 se transforma el Seminario en Colegio de Segunda Enseñanza, bajo la dirección de la Orden Ignaciana. El primero de noviembre de 1873 se inaugura el Instituto Civil, dirigido por D. José Julián Acosta. En 1876 se fundó el Ateneo Científico y Literario. "La influencia del Ateneo se extendió por la isla, mostrándose en monografías científicas, desahogos políticos y libros didácticos una actividad intelectual que penetraba en la clase obrera, incitándola a buscar en el estudio su perfeccionamiento." (Brau). El Ateneo llegó a organizar clases de ciencias y letras adscritas a la Universidad de La Habana, de donde se trasladaba una comisión del Claustro para efectuar en San Juan los exámenes de fin de curso. También funcionó en Puerto Rico una Academia militar de cadetes, creada en 1875.

Con la Constitución Autonómica de 1897 se sustrajo la enseñanza de las alternativas de la política metropolitana, y se concedía al Parlamento insular el estatuir "sobre cuantos asuntos y materias incumben" a la instrucción pública. La responsabilidad ejecutiva de lo así estatuido se vinculaba en la cartera titular del Gobierno autonómico isleño. Las orientaciones propias del pueblo de Puerto Rico no tuvieron tiempo ni lugar de manifestarse, pues en seguida ocurrió otro vaivén en nuestra vida —esta vez de carácter internacional— que arrebató de manos puertorriqueñas la dirección de la enseñanza e imprimió nuevo rumbo a nuestro destino.

A pesar de todos los obstáculos, accidentes y cortapisas, del tejer y destejer que sufriera la enseñanza durante el curso del siglo, las condiciones generales para la formación de verdaderos hombres cultos y representativos no fueron, después de todo demasiado desfavorables, puesto que permitieron crear un buen número de meritísimas personalidades, hombres de pensamiento y acción, que ejercieron útil influjo no ya sólo en el solar nativo, sino aún más allá de nuestras fronteras, en la Metrópoli y en el Continente.

Estos hombres, de Power a Hostos, dieron brío, calor y contenido al carácter político del siglo, que reflejaba en cambios locales las agitaciones peninsulares.

Durante los períodos de gobiernos que a principios del siglo se inspiraron en la doctrina liberal, se creó la representación isleña en las Cortes de la nación, se separó la Intendencia de la Capitanía General, dándole así completo carácter civil; se instauraron los Ayuntamientos electivos; se dispuso la elección de un representante por cada distrito para formar la Diputación provincial, se reorganizó la administración de justicia. También se efectuó la división de mandos, ejerciéndose la gobernación civil por un jefe político, con entera independencia de la jurisdicción militar. Aunque la mayoría de estas reformas fueron luego derogadas, al variar la orientación nacional, bajo el absolutismo de Fernando VII, quedó siempre un residuo de ellas y sirvieron de fermento a los anhelos de libertad que opondría más tarde resistencia a los poderes otorgados a los gobernadores militares.

En 1831 se creó la Audiencia de Puerto Rico, y quedó separada la judicatura insular de la de otras colonias, pues al principio había dependido de la Audiencia de Santo Domingo y luego de la de Puerto Príncipe, en Cuba.

Por breve tiempo volvió a regir la Constitución en Puerto Rico (1836), hasta que en 1837 un artículo adicional proveyó que "las provincias de ultramar serán gobernadas por leyes especiales". Este artículo se incorporó a la Constitución votada en 1845. Pero la promulgación de las leyes especiales se fue diferiendo indefinidamente, y mientras tanto la isla quedaba sometida al celo o al capricho de capitanes generales poco o nada atentos a la opinión que se agitaba en el país defendiendo ideales, derechos e intereses de un pueblo en formación. Hasta 1865 no se llamaron a Madrid los comisionados de Cuba y Puerto Rico que habían de informar al Gobierno central sobre las leyes prometidas. Aún entonces no se materializaron las recomendaciones de nuestros representantes; pero su labor en la Corte dejó huellas en la opinión española.

La revolución de septiembre de 1868, que destronó a Isabel II, convocó a Cortes Constituyentes y decretó la presencia en ellas de diputados por Puerto Rico. De esta manera ayudamos a redactar el código fundamental de la nación; y el Gobierno prometió aplicar a la colonia todas las libertades proclamadas. En cumplimiento de su promesa, el Gobierno de Madrid envió a Puerto Rico al general Gabriel Baldrich, que comenzó en seguida a establecer las reformas y franquicias. Incidentes locales entorpecieron esa labor y las contingencias históricas probaron ser más fuertes que los propósitos del Gobierno y del general.

Desde el 10 de octubre de 1868 había estallado en Yara la insurrección cubana que duró hasta la paz del Zanjón, en 1878. La situación creada en la Antilla hermana, los recientes sucesos de Lares y el recuerdo de la desmembración del imperio continental sembraron alarma, recelos y desconfianza entre los "españoles sin condiciones" de la isla. Empujados por ideas contrarias al liberalismo, el elemento conservador, el cuerpo de milicianos voluntarios y parte de la guarnición se opusieron a la política de Baldrich y promovieron tales motines callejeros, que el gobernador tuvo que declarar la isla en estado de sitio, y en septiembre de 1871 abandonaba el mando, víctima de los manejos reaccionarios

Por otra parte, los acontecimientos se precipitaban en la Metro poli con tal rapidez, que al regresar Baldrich a España se encontró con la elección de un nuevo rey, recaída en la persona de D. Amadeo de Saboya. Poco tiempo después comenzaba en la Península la tercera guerra carlista; abdicaba D. Amadeo y se proclamaba, el 11 de febrero de 1873, la primera República española. Con una guerra cocolonial en Cuba, otra contra los carlistas en la Península, amenazada por los partidarios monárquicos del hijo de Isabel II y dividida por disensiones entre los mismos republicanos, la República cayó bajo el golpe militar del general Pavía. Tras una breve regencia, el pronunciamiento del general Martínez Campos abrió paso a la restauración dinástica, y Alfonso XII fue proclamado rey en diciembre de 1874.

Mientras tanto, en Puerto Rico, el capitán general D. Simón de la Torre sometía a la disciplina, con enérgicas medidas, al elemento militar levantisco, de filiación conservadora, y llevaba a cabo unas elecciones sinceras (1872). "El resultado fue desastroso para los incondicionales, que, en minoría, no podían vencer sin la coacción gubernativa (Brau). Pero la recta actitud de la Torre le costó la gobernación, víctima, como Baldrich, de las maquinaciones del incondicionalismo local.

Poca oportunidad había para que en medio de tantos trastornos nacionales y coloniales se lograra en la isla la implantación de las promesas hechas por los revolucionarios peninsulares. Sin embargo, durante este breve y agitado período se alcanzaron fundamentales reformas para la isla, muy principalmente la abolición de la esclavitud. También se hizo extensivo a Puerto Rico el título primero de la Constitución de 1869, donde se definían los derechos naturales de los españoles.

La diputación reformista puertorriqueña, electa bajo el mando de D. Simón de la Torre, se destacó brillantemente en las Cortes españolas del 1872-1873, influyendo en los destinos de toda la nación. En el Madrid de aquellos días, un periódico ponía en los labios de un alto personaje estas palabras: "Hasta hoy España gobernaba a Puerto Rico. Hoy se han cambiado los términos: Puerto Rico manda en España". Otro papel se permitió saludarlos (a los diputados isleños) como "los autores de la República española". (*Una campaña parlamentaria. Colección*, etc. Madrid, 1873). Y el Sr. Esteban Collantes decía de ellos en pleno Congreso: "Diez hombres unidos nos dominan y son árbitros de la suerte de España". (Ibídem). El caso era que sobre Puerto Rico se "ventilaba toda la cuestión colonial; y con la cuestión colonial, la suerte de la libertad en España". (Ibídem). Aquella diputación la formaban hombres "a cuya entereza, cuya perseverancia y cuya disciplina —prescindiendo de todo otro género de dotes— han hecho plena justicia sus más encarnizados enemigos". (Ibídem). No eran meros representantes de su provincia, "sino que ostentaban la representación moral de todo el imperio colonial de España... En su hermosa y pacífica isla se ventilan los problemas de la grande Antilla y se prejuzga la suerte del archipiélago filipino". (Ibídem). Es decir, que mientras Cuba tomaba por las armas la defensa de los intereses coloniales y de la causa emancipadora, Puerto Rico, imposibilitada de imitarla, llevaba la lucha al Parlamento, defendiendo no sólo las libertades de la patria chica, sino también las de la nación y las de las otras colonias.

Con el correr del siglo habían ido naciendo y organizándose las opiniones políticas de la isla en dos tendencias: liberal y conservadora, avanzada y reaccionaria, izquierda y derecha, como se diría hoy. Ambas actitudes eran eco y reflejo de similares tendencias en la Metrópoli. Unos querían abrir nuevos cauces en el sistema colonial para dar cabida a las modernas corrientes democráticas. Pretendían canalizar en un curso natural y lógico, liberalizante y comprensivo, las relaciones entre la madre patria y el pueblo que en nuestra isla se iba formando y adquiriendo problemas propios. De haber encarnado este criterio en una política nacional, consecuente y estable, la situación de Puerto Rico con respecto a España hubiera llegado a ser, con oportunidad, paralela a la relación existente hoy entre Inglaterra y sus Dominios. La isla hubiera quizás gravitado hacia la formación de un núcleo antillano, un Dominio español antillano con amplia autonomía política y económica. Los otros se aferraban ciegamente al pasado, oponiéndose al evolucionismo político en la Metrópoli, y levantando intransigentes barreras de incomprensión, y hasta de violencias, al proceso natural de desarrollo y diferenciación del pueblo isleño.

Así las cosas, es natural que las alteraciones y sacudidas peninsulares tuvieran siquiera un débil trasunto en la isla, manifestándose en conspiraciones, conjuras y motines.

El primer intento subversivo que se registra en Puerto Rico, sin embargo, es de carácter tan absurdo y ajeno al sentir general, que más parece un fracasado golpe de mano extranjero que una tentativa sediciosa. Al comenzar la tercera década del siglo, un aventurero suizo y otro francés, en connivencia con un mulato de la Guadalupe, procuraron sublevar los esclavos y fundar la "República de Boricua, en cuyo programa se ofrecía, por singular aberración, *no dar libertad a los esclavos*". (Brau). Fusilado el mulato, que era el agente de los otros dos en Puerto Rico, fracasó el golpe antes de intentarse.

En 1835, parte de la guarnición "mostró síntomas de indisciplina encaminados a proclamar la Constitución" del año 12. Descubierto a tiempo el propósito, fue embarcado para España el capitán Loizaga, jefe del movimiento, y trasladados a La Habana algunos soldados y sargentos, con lo que quedó terminado el incidente. Escasamente un año más tarde, el motín de La Granja triunfaba en España e imponía a la Reina Regente dicha Constitución.

Tres años más tarde, dos sargentos y tres paisanos, D. Andrés y D. Juan Vizcarrondo y D. Buenaventura Quiñones, fraguaban una sublevación que abortó por denuncias de dos cabos. Los hermanos Vizcarrondo huyeron a Venezuela; Quiñones apareció ahorcado en las bóvedas del Morro, y tres sargentos y cinco cabos fueron fusilados previa formación de causa. Nunca se puso en claro si la conjura tenía por objeto único la extensión de la Constitución de 1837 a la isla, o si había obedecido a inclinaciones separatistas; "pero el fiscal consideró traidores ambos fines".

En 1867 se produjo un motín militar, sofocado instantáneamente. El jefe, un coronel de Artillería, se suicidó, y un cabo fue fusilado.[3]

El llamado Grito de Lares, ocurrido en septiembre de 1868, merece mayor espacio, por el número de campesinos movilizados y por las significaciones que posteriormente se le han atribuído. Un año antes, los líderes expatriados Betances y Ruiz Belvis publicaron una carta en el *New York Herald* donde negaban su participación en el motín arriba anotado, y añadían que "sería perder tiempo, trabajo

---

3. La mayoría de esas intentonas son reflejos directos de los típicos pronunciamientos del siglo diecinueve español.

y dinero confiar en la buena fe" del Gobierno. Luego se dedicaron ambos a fomentar las rebeldías antillanas. Así las cosas, en septiembre 23 de 1868, el venezolano Manuel Rojas y el norteamericano Mathias Bruckman reunieron unos cuatrocientos hombres en el pueblo de Lares y proclamaron la independencia de Puerto Rico.

Después de celebrar un *Tedéum* en acción de gracias y de nombrar un Gobierno provisional y un Generalato, salieron hacia San Sebastián del Pepino, para apoderarse de ese pueblo. Al día siguiente, en el Pepino, terminó la revuelta "al anuncio de que llegaban fuerzas militares de Aguadilla". Un venezolano, de apellido Bauren y el norteamericano Bruckman, murieron al "tratarse de reducirlos a prisión". Luego se hicieron muchas detenciones y un Consejo de guerra condenó a siete de los jefes a la pena de muerte.

Aunque parece evidente que el movimiento estaba inspirado en las declaraciones de los expatriados antes aludidos, influenciado por el desasosiego reinante en Cuba, y fraguado por Asociaciones separatistas secretas, constituídas en nuestra isla, pero presididas por extranjeros, como el venezolano Manuel Rojas y el norteamericano Bruckman, existían también causas más profundas de carácter nacional. Prueba de ello es que en aquel mismo mes estallaba en Cádiz la revolución septembrina que destronó a Isabel. Al recibirse en San Juan estas noticias, se abrieron las cárceles "y los condenados a muerte, indultados primero, obtuvieron meses después amplia amnistía." (Brau).

El 10 de octubre del mismo año principiaba en Cuba la insurrección llamada el Grito de Yara. Nuestro diputado Sanromá adujo en plenas Cortes Nacionales (sesión del 17 de febrero de 1873) razones suficientes para probar que "la deslealtad de los últimos Gobiernos de doña Isabel II fue la verdadera causa de la insurrección de Yara". Es decir, que en Cuba se había llegado razonablemente a las mismas desesperadas conclusiones a que dieran expresión en Nueva York nuestros liberales expatriados, justificadas por la incomprensión y deslealtad de los Gobiernos de la Monarquía. Los gérmenes subversivos emanaban de la estrechez de miras del Gobierno central; su conducta provocó la revolución de septiembre y el destronamiento de Isabel, como un episodio más en la lucha por crear una España nueva, a cuyas vicisitudes no podían sustraerse las colonias.

No obstante todo lo antedicho, las causas inmediatas y locales de la manera como se produjo el Grito de Lares no aparecen del todo claras. Es innegable que existía, fuera del país, "una vasta conspiración" para declarar la independencia de ambas Antillas. Pero en Puerto Rico el "arbitrario general Marchesi" había sido substituido por el "circunspecto general D. Julián Juan Pavía" en la gobernación de la isla; y el movimiento se lanzó precisamente cuando "la impresión producida por las deportaciones del año anterior había sido extinguida casi totalmente por el mando justiciero" de Pavía. (Sendrás y Burín). Por otro lado, es digno de notarse el hecho de que entre las cabecillas no figuraban "ni un solo hijo de Puerto Rico, sino extranjeros y peninsulares". (Ibídem).

Lo cierto es que el movimiento y su fracaso fueron vistos por el país "con una tranquilidad rayana en la indiferencia" (Brau), y que "algunos liberales la han llamado la *Algarada de Lares*". (Miller).

Por indicios como los arriba anotados, han llegado a suponer algunos que se trataba de una maquinación extranjera para "llevar a Puerto Rico una independencia que habría de concluir por arrojarlo en brazos de los Estados Unidos". (Waldo Jiménez de la Romera: *España,* etc., 1886). Otros sospecharon que el elemento reaccionario no fue tan totalmente ajeno a la revuelta como en la superficie parecía.

Si el movimiento obedeció a un vasto plan de emancipaciones antillanas, elaborado fuera del país, no supo escoger ocasión de manifestarse abiertamente, ni en el tiempo, ni en la manera como se produjo, pues no tuvo otras características ni otras consecuencias que las de una aventura caótica y aislada, pomposa, pero malamente organizada, llevada a efecto en un momento poco propicio al éxito. Pero, tanto estos errores como las pretendidas concomitancias arriba anotadas, no atañen a los centenares de jíbaros que se convocaron en Lares, sino a los directores y jefes inmediatos de la asonada. El número de campesinos que acudió a engrosar filas demuestra algo más que una simple montonera de peones, y el carácter de los gritos subversivos ponen de manifiesto las raíces del malestar latente que hizo posible la intentona. Aunque ese malestar no estaba lo suficientemente plasmado y generalizado para hacer triunfar un movimiento de aquel tipo, no hay duda de que numerosos jíbaros se congregaron alrededor de los caudillos para expresar su protesta o rebeldía contra el centralismo absorbente de la Metrópoli, para desfogar la desesperación campesina ante el aumento de los *subsidios,* para machetear las vejaminosas *libretas de trabajo,* que cohibían al jornalero de libertad de contratación desde junio de 1849.

Pero el movimiento no tuvo otro resultado que el servir de pretexto a la reacción para azuzar a las autoridades a la represión y tratar de sacar ventajas políticas de ello. Así ocurrió también en febrero de 1872, como consecuencia de un sangriento suceso en Camuy; "hecho aislado y de carácter especialísimo, que la voz popular calificó de amaño político". (Brau). En general, toda perturbación del orden, auténtica o falseada, servía para iniciar campañas en cierta Prensa de Madrid contra el liberalismo nacional y sus repercusiones en las colonias.

De mucha mayor importancia que estos intentos subversivos, y bastante anárquicos, fue la continuada estructuración de una opinión pública decidida que, por todos los medios a su alcance, logró imponer, al cabo, su voluntad en los dos aspectos principales de su aspiración: la abolición de la esclavitud y la autonomía.

La iniciación, el desarrollo y triunfo del sentimiento abolicionista en nuestro país es la página más clara de la historia de la isla. La esclavitud era ya un sistema económico superado, que el industrialismo mundial capitalista había de desechar en todas partes por incompetente e improductivo. Pero en Puerto Rico —como en la Sudlandia norteamericana bajo Lincoln— la economía era esencialmente agrícola, y los adelantos que hicieron de la esclavitud un elemento indeseable para el desarrollo económico no habían dejado sentir todavía, localmente, toda su presión cuando apareció en la isla una opinión pública antiesclavista, existente, "no desde el 1865, sino desde muchísimo antes". (Sanromá: Discurso en Cortes del 17 de febrero de 1873). Pero las causas mundiales favorables a la abolición fueron poco a poco obrando sobre las condiciones isleñas, y especialmente sobre la ideología de un grupo de hombres avanzados, espíritus cultos y generosos, llenos de ideales liberales y de sentimientos humanitarios. Paladines del abolicionismo, que no sólo no ganaban nada material e inmediato en la contienda, sino que comprometían su tranquilidad personal y no titubeaban en sacrificar sus ahorros invirtiéndolos en la redención de esclavos. El estímulo inicial de su cruzada les llegó de fuera, indudablemente: de las ideas de la Revolución francesa, del liberalismo español, del evangelismo redencionista inglés, del antiesclavismo de los Estados norteños e industriales de Estados Unidos, de la transformación de la economía occidental, en fin. Pero la táctica, la paciencia, la desinteresada nobleza de miras, la disposición sentimental y la tenacidad en el esfuerzo eran genuinamente propias. Encarnación idealizada de una necesidad de la civilización, lucharon contra la inercia de los sucesivos Gobiernos centrales, alentados por el sentimiento general de la isla y por un sector de la opinión peninsular.

Circunstancias propicias a la solución pacífica del problema de la esclavitud fueron en nuestra tierra la prolongada convivencia con hombres libres de color, "morigerados, laboriosos y leales"; la fraternidad de las razas en la escuela elemental, evidente, cuando menos, desde 1770; la numérica supremacía de los hombres libres sobre los esclavos; el gran número de gentes de color libres, acomodadas muchas de ellas, que vivían en la isla; y el atenuado régimen de esclavitud vigente durante la mayor parte del siglo.

Basta una rápida comparación de los diferentes códigos negros de otras colonias, para conceder que nuestros esclavos vivían en condiciones menos deplorables que la mayoría de sus hermanos de raza y condición. Si se toman al azar algunos textos extranjeros, las citas resultan irrecusables testigos de la anterior observación. E. Cortambert (*Cours de Géographie*, etc., París, 1865), dice que los esclavos en Puerto Rico "no son tratados como en las otras colonias; se les guarda como buenos domésticos, y ellos se hacen notar, generalmente, por su actividad y su devoción. Los hombres de color libres son numerosos, y no se les desprecia". Un viajero ilustrado afirma por su cuenta que "Puerto Rico ha resuelto casi la cuestión de la esclavitud substituyendo poco a poco, sin sacudidas, sin desórdenes, el trabajo forzado por el trabajo libre... En 1860 su población estaba repartida así: blancos libres, 51,51 por 100; libres de color, 41,33 por 100; esclavos, 7,6 por 100... La clase de color libre es trabajadora, y muchos de sus miembros se cuentan entre los principales contribuyentes. Los prejuicios de raza se extinguen cada día más... La suerte de los negros ha sido siempre mejor en Puerto Rico que en Cuba..." (Quatrelles: *Un parisien dans les Antilles,* París).[4]

Que la clase de color libre no vivía irradiada y despreciada, como acontecía en otros sitios, es un hecho que atestigua reiteradamente la Historia. Baste recordar aquí el importante papel que desempeñó a principios del siglo VIII el mulato zapatero Miguel Henríquez, a quien le concedió Felipe V "el título de Capitán de Mar y Guerra... y la Medalla de la Real Efigie, que aparejaba la condición de caballero". También es obvio que la esclavitud no alcanzó nunca en Puerto Rico las alarmantes proporciones que en otros sitios, y que las gentes de color libre llegaron a ser tan numerosas casi como los blancos. En la colonia francesa de Haití el número de esclavos sobrepasó el 90 por 100 de la población total. En 1789 había alrededor de medio millón, la mayoría de los cuales eran nacidos en Africa. (Stoddard; cit. por A. Colorado: Tesis doctoral). En cambio, los censos puertorriqueños del siglo XVIII muestran que la población esclava no pasó de 13 por 100. La estadística de 1834 da la proporción siguiente:

Puerto Rico: blancos, 53,8 por 100; libres de color, 35,1 por 100; esclavos, 11,1 por 100.

"Por la misma época, según el barón de Humboldt, daban los territorios inmediatos las proporciones que sigue". (Madoz):

	Blancos por 100	Libres de Color por 100	Esclavos por 100
Jamaica (Inglaterra)	6	9	85
Otras Antillas Inglesas	9	10	81
Brasil	23	26	51
Cuba	46	18	36
Estados Unidos	81	3	15

4. Véase además y sobre todo, la opinión del militar George Dawson Flinter en

En los años subsiguientes, el número de esclavos fue reduciéndose proporcionalmente en nuestra isla, hasta que para los tiempos de la abolición la proporción era menos de treinta mil esclavos en más de seiscientos mil habitantes.

Sanromá (discurso citado), resume así la situación: "...En Puerto Rico hay 30.000 esclavos en una población de 600.000 almas... En Santo Domingo había 400.000 negros por 20.000 blancos; y en la Jamaica, 322.000 negros por 35.000 blancos; en la Martinica, 110.000 negros por 9.000 blancos, y en análoga proporción estaban los negros y los blancos en la Antigua, en la Barbada y en todas las posesiones de Francia, de Inglaterra y aun de Suecia y Dinamarca en el mar de las Antillas. En los mismos Estados Unidos..., dentro de cada distrito, la relación era la misma, porque en la Carolina del Sur había 400.000 negros por 221.000 blancos, y hasta en el Mississippí había 100.000 negros más que blancos... No quiero aducir las últimas estadísticas, y voy a traer las menos favorables, que son estadísticas un poco antiguas, y dan en Puerto Rico 90.000 trabajadores libres, con sólo el 5 por 100 de trabajo esclavo y de los trabajadores libres hay un 40 por 100 que está representado por negros. Pero no creáis, señores, que todos estos negros son simples braceros, pues, si bien existen 22.000 jornaleros y 9.000 trabajadores de campo, hay, en cambio, más de 4.000 que son propietarios." Después de decir que el partido conservador isleño era una creación artificial, "una incubación hecha en la Península", añadía que el tal partido no debía oponerse a la abolición en nombre de los propietarios, pues "que ha habido en Puerto Rico unas Juntas llamadas de propietarios, que se componían de aquellos que poseían más de 25 esclavos, todos los cuales han pedido la abolición". Por último, recomedaba una reforma económica, paralela a la emancipación, como la mejor de las compensaciones a los dueños: "Dad libertad de comercio, para abaratar el consumo, la máquina, la primera materia. Dad libertad de crédito para obtener el dinero barato. Dad educación industrial para hacer buenos operarios. He aquí la grande indemnización para los amos." Y cerraba el discurso con una exhortación: "Nosotros, en nombre de la Revolución y de la República,

---

su *Examen del Estado Actual de los Esclavos de la Isla de Puerto Rico.* (N.Y., 1832).

no podemos hacer jamás en América política de anexión, de exterminio, de sangre..."

Las etapas conducentes a la total emancipación de los esclavos en Puerto Rico pueden ordenarse como sigue:

1664: Se decreta la libertad de los esclavos prófugos refugiados en Puerto Rico.

1784: Se suprime la marca del "carimbo".

1789: Real Cédula regulando la esclavitud y mejorando las condiciones de vida de los negros. Se reconoce el derecho de coartación, o especie de autorrescate a plazos.

1815: En el congreso de Viena, ocho naciones, entre ellas España, se pronuncian contra la trata de esclavos.

1817: Se firma un Tratado con Inglaterra en que se declara ilícito continuar el tráfico de esclavos. No tuvo efectividad.

1835: Nuevo Tratado con Inglaterra y nuevas ordenanzas españolas contra el comercio de negros. Queda prohibida la importación.

1845: Las Cortes dictan penas contra los traficantes, y el gobernador de Puerto Rico, D. Rafael Arístegui y Vélez, persigue y corta el contrabando en la isla.

1848: Don Juan de la Pezuela mejora las condiciones de nuestros esclavos; hace cumplir el derecho de coartación, y reduce a 25 pesos macuquinos la redención en la pila baustimal. De esta rebaja se aprovechan los abolicionistas para disminuir el número de esclavos, a costa de su peculio particular.

1863: El periodista liberal puertorriqueño, don Julio L. de Vizcarrondo, funda en Madrid la Sociedad Abolicionista Española, que agitó la opinión por medio de mítines, concursos, manifiestos, certámenes literarios; y con la creación de un periódico, *El Abolicionista Español*. "El impulso que entonces se diera a la campaña no ha tenido igual en ninguna empresa propagandista de España."

1865-1866: La información de los reformistas puertorriqueños ante el Gobierno de Madrid, declara: "Aspiramos a la abolición en Puerto Rico de la esclavitud, y la pedimos con indemnización o sin ella, si otra cosa no fuere posible; la abolición sin reglamentación del trabajo, o con ella si se estima de absoluta necesidad."

1868: Decreto del 15 de octubre declarando libres los hijos de esclavas nacidos después del 17 de septiembre del mismo año.

1870: Ley del 4 de julio dando libertad a: (1) Todos los esclavos propiedad del Estado. (2) Los mayores de sesenta años. (3) Los que hubiesen servido bajo la bandera nacional. (4) Todos los no inscritos en el censo de Puerto Rico del 31 de diciembre de 1869.

1873: Bajo la primera República, la Asamblea Nacional Constituyente decreta la abolición total de la esclavitud en Puerto Rico el día 22 de marzo. La diputación reformista isleña se distinguió en la defensa del proyecto de ley. Los libertos quedaron obligados a contratarse con un propietario durante los tres años siguientes, y al expirar un quinquenio pasaban a gozar de plenos derechos políticos. La noticia fue recibida en la isla con explosiones de júbilo popular. El orden fue perfecto, y "ni una sola represalia manchó la limpidez de aquella página histórica". (Brau).

Los triunfos de la política avanzada y liberal de la Metrópoli reconciliaban a los puertorriqueños con los Gobiernos madrileños que representaban esas tendencias. Pero tales situaciones se sostenían en España por poco tiempo y la reacción volvía a empujar a los patriotas y reformistas isleños hacia la desesperación y el radicalismo. Con la restauración monárquica volvieron a aparecer las incomprensiones y los trastornos. Ello no hizo sino acentuar los propósitos autonomistas y despertar simpatías por el separatismo. Esta última tendencia, sin embargo, no llegó a tomar cuerpo considerable sino en el último cuarto de siglo, cuando, agotada la paciencia y perdidas las esperanzas, un sector del partido autonomista se desgajó de él, aspirando a la independencia como único remedio a nuestros males.

Hasta ya entrado el segundo tercio del siglo, la Metrópoli y la colonia sufrieron idénticas alteraciones políticas, "si bien el absolutismo de Fernando VII no revistió en aquella isla el sangriento carácter que en la madre patria". La identidad de las tendencias políticas en la isla y en la Península puede considerarse absoluta e ininterrumpida hasta 1837, fecha en que dejaron de admitirse —hasta la revolución del 68— las diputaciones isleñas al Congreso Nacional, y se dispuso que las provincias de Ultramar fueran gobernadas por leyes especiales. Un régimen de excepción basado en poderes discrecionales otorgados a los gobernadores, privó entonces en

Puerto Rico por cerca de treinta años. Desde entonces fueron surgiendo matices esencialmente locales en la política isleña. El militarismo imperante en la colonia, la existencia de problemas propios, y la falta de convivencia en el seno del Parlamento español que permitiera conciliar los intereses de la nación con las necesidades de la isla, fueron fortaleciendo y acusando estos matices

Al hacerse republicanos los liberales puertorriqueños del 72, lograron reincorporar la política isleña a la nacional mediante los siguientes postulados: Abolición inmediata de la esclavitud. Reforma colonial sobre las bases de los derechos naturales del hombre Excentralización administrativa sobre el principio de la autonomía municipal y provincial. Fiel y exacto cumplimiento de todas las leyes votadas por las Cortes españolas, sin excepciones, subterfugios ni aplazamientos

Apenas conseguido el primer postulado, la abolición de la esclavitud, un golpe de estado acabó con la República. En Puerto Rico, el general Sanz "disolvió, sin pérdida de momento, la Diputación Provincial y los Ayuntamientos; pero cuidándose de restablecerlos con individuos del partido incondicional". El elemento liberal tuvo que mantenerse retraído por algún tiempo. "Muchas personas abandonaron el país." (Brau). Pero, pasado el desánimo, se volvió a la lucha.

Al calor de las campañas de la Prensa avanzada de Ponce y San Juan, se convocó una Asamblea de representantes populares, en Ponce, y de ella salió la organización del partido autonomista puertorriqueño, en marzo de 1887, que, "aceptando la identidad política y jurídica a la Metrópoli, y reconociendo a ésta su soberanía territorial, proclamó como principal fundamento de sus gestiones la descentralización administrativa en todas las cuestiones locales, así como el derecho a votar el país sus presupuestos".

La voluntad del partido, dirigido por Baldorioty de Castro, estaba todavía muy lejos del separatismo y la desmembración. La reacción intransigente no lo consideró así, y mucho menos el gobernador, general Palacios, que en el breve período de su mando autorizó el terrorismo persecutorio, cuyos procedimientos de violencia causaron su propia destitución.

Las persecuciones de Palacios no lograron sino enardecer el espíritu autonomista. En 1891 se convocó en Mayagüez nueva Asamblea del partido. En ella surgieron diferencias de táctica. Unos, como Muñoz Rivera y De Diego, propugnaban la conveniencia de colaborar una vez más con los partidos democráticos de la Península; otros oponían a esto una completa unión con los avanzados cubanos. Aunque, aparentemente de táctica, el dilema era más profundo. Los primeros creían posible una fórmula conciliadora de los intereses nacionales con las necesidades de la isla, mediante la nueva nacionalización de los partidos locales. Los otros, perdida toda esperanza y toda fe en los Gobiernos de Madrid, creían llegado el momento de incorporarse al separatismo revolucionario cubano. La cuestión quedó sin definirse oficialmente en la Asamblea.

La ambigüedad no hizo sino aplazar oficialmente el problema de fondo; pero las disensiones cundieron rápidamente, sobre todo en la región de Ponce. Faltos de una orientación definida, el desaliento se posesionó de una gran parte de la masa autonomista.

Las Asambleas que siguieron, en Aguadilla y San Juan, volvieron a poner de manifiesto la división del partido entre fusionistas y antifusionistas. La crisis interna era grave; "los Comités se negaban a funcionar; los fondos del partido se agotaron; autonomistas bien significados se trasladaron a Nueva York para fundar periódicos separatistas" (Brau).

En 1895, bajo la inspiración de Martí, estalló la última insurrección cubana, cuyo programa era la independencia de Cuba y "fomentar y auxiliar la de Puerto Rico", dando así aliento al sector separatista puertorriqueño, y conquistando adhesiones al partido revolucionario cubano.

Para contrarrestar este efecto y evitar posibles complicaciones internacionales, que apuntaban ya en reclamaciones diplomáticas de los Estados Unidos, y en la inminencia de su intervención, los Gobiernos españoles iniciaron algunas gestiones de contemporización, de las que parece no haber estado ausente la voluntad de la propia reina madre (véase *Memoria de la Sección P. R. del Partido Revolucionario Cubano*, apéndice 3).

A este cambio de actitud obedeció que el Gobierno conservador de Cánovas del Castillo separase el mando civil del militar, en 1896, dividiendo la isla de Puerto Rico en dos gobernaciones civiles.

Indudablemente que las mismas causas habían de influir en el ánimo de Sagasta, y que ellas prepararon la pronta aceptación de la fusión propuesta por los autonomistas isleños a los liberales peninsulares.

Mientras tanto, Muñoz Rivera proseguía en sus gestiones en favor de la fusión. Tras un viaje a la Península, en que se puso al habla con el jefe del partido liberal español, D. Práxedes M. Sagasta, regresó a Puerto Rico a continuar la labor de enlace cerca de los líderes autonomistas. Reunida la Delegación del partido en Caguas (1896), se convino, por iniciativa de Matienzo Cintrón, enviar una comisión a España con el propósito de establecer un entendido con Sagasta. Las bases de esta inteligencia fueron que el partido autonomista secundaría la política del liberal nacional, y que éste se comprometía, a su llegada al poder, a conceder a Puerto Rico una autonomía "tan amplia como posible dentro de la unidad nacional".

A su regreso, la comisión presentó el informe del pacto con Sagasta a una Asamblea autonomista celebrada en San Juan el 11 de febrero de 1897. Aceptado el pacto, nació allí el nuevo partido liberal; "pero recogiendo D. José Celso Barbosa la vieja bandera autonomista". (Brau).

Los separatistas antillanos refugiados en el extranjero continuaban conspirando desde Nueva York y organizando planes para la invasión libertadora de la isla; pero el pragmatismo y la moderación del nuevo partido liberal hacía engrosar sus filas hasta con elementos que habían vivido siempre retraídos de toda actuación política.

Al subir Sagasta al poder cumplió los compromisos del pacto, y en noviembre de 1897 apareció en la *Gaceta de Madrid* un Real decreto estableciendo en Puerto Rico la tan reclamada autonomía.

En el seno del primer Gobierno regional se unieron las representaciones de los dos sectores autonomistas, el puro u ortodoxo, de la disidencia de Barbosa, y el liberal o fusionista, presidido por Muñoz Rivera. Las dos agrupaciones se fundieron bajo el nombre de Unión Autonomista Liberal. La concordia se extendió hasta la oposición conservadora, declarándose los integristas o incondicionales dispuestos a no crear dificultades al nuevo régimen.

El 9 de febrero del 98 se inauguraba la vida autonómica de la isla. En la noche del 15 del mismo mes, el buque de guerra norteamericano *Maine* explotaba en la bahía de La Habana. El 4 de marzo subía

McKinley a la Presidencia de los Estados Unidos. El 25 de abril, el Congreso estadounidense declaraba la guerra a España. El 12 de mayo, al amanecer, Sampson bombardeaba la ciudad capital de la isla, sobresaltando a la población, que estaba todavía entregada al sueño. El 25 de julio desembarcaban en Guánica las primeras fuerzas de ocupación. El 12 de agosto aceptaron los Estados Unidos las proposiciones de paz. El 13 de agosto se suspendieron las hostilidades en Puerto Rico. El 18 de octubre se entregó por fin la plaza de San Juan. Una nueva dominación hizo ondear su bandera en la isla y para el pueblo que allí habitaba comenzó un nuevo viacrucis.

BALANCE DEL SIGLO XIX

El pasado siglo se abre y cierra con la promulgación de sendos estatutos constitucionales en Puerto Rico: la Constitución nacional de 1812 y la Carta Autonómica de 1897; ambas progresistas y ambas prometedoras de libertades y franquicias. Todo el siglo XIX español es pródigo en la promulgación de cartas fundamentales; pero para nosotros no tuvieron gran importancia, sino la nacional del año 12 y la regional del 97. En el ínterin entre estos dos acontecimientos la colonia pasa a ser provincia, y en la provincia se perfilan los caracteres de un pueblo.

El optimista documento de 1812 resultó, en la práctica, retrospectivamente visto, demasiado ingenuo; y esa ingenuidad, un obstáculo a la eficaz y duradera implantación de los principios que lo formaban. Pero ese pecado político era, a su vez, una mera consecuencia de su mayor virtud: el anhelo de renovación inspirado en los deseos de llevar a la práctica un ideal de perfección. Idénticos anhelos, latentes en lo mejor del pueblo hispánico, formaron el ideal de los movimientos emancipadores, en las Españas de ambas mundos, por casi todo un siglo. Para nosotros, el *idearium* de las Cortes de Cádiz constituyó la base de nuestras aspiraciones cívicas, significó la incorporación de los puertorriqueños al cuerpo político español, y sirvió de instrumento político inicial a nuestra reorganización económica.

La Carta autonómica del 97 fue la cristalización, largamente reclamada y debatida, de un estado de derecho que abría amplio cauce a la esperanza de resolver los problemas regionales desde un punto de vista local. Ninguna orden del gobernador general podía entrar en vigor a menos que la misma fuera refrendada por nuestro Gabinete. El Parlamento insular tenía facultades para crear aranceles y fijar derechos de importación y exportación. En cuanto al comercio internacional, se establecía que los tratados de comercio en cuya negociación no hubiere intervenido el gobierno insular, "se le comunicarán, a fin de que pueda en un período de tres meses declarar si desea o no adherirse a sus estipulaciones". Además, se concedía también al Gobierno local iniciativa en la negociación de estos tratados de comercio, aunque tramitados por el Gobierno central con el auxilio de delegados especiales puertorriqueños. Por último, la provisión de un artículo adicional hacía irrevocables, sin el consentimiento expreso del Parlamento insular, estas y otras muchas libertades y franquicias conquistadas al promulgarse la constitución autonómica.

Entre Estatuto y Estatuto, nuestro siglo XIX presenta una aparente paradoja. Por un lado, el carácter casi exclusivamente militar de la colonia va cediendo a las conquistas cívicas. Por el otro, se exacerban periódicamente, y por largos plazos, las arbitrariedades despóticas de los espadones gobernantes, llegando a extremos hasta entonces desconocidos en la isla.

La paradoja estriba en que mientras Puerto Rico ve aumentar su necesidad de organización política; mientras van surgiendo problemas que imponen soluciones ajenas a la incumbencia militar; mientras crece la conciencia popular, que reclama aquella organización y estas soluciones, la isla sigue viviendo en íntima función del Continente y de la grande Antilla. Los conflictos coloniales en el Continente y en Cuba predisponían a los Gobiernos metropolitanos, y más aún a sus representaciones en la isla, a obrar con cautela y mano dura. El liberalismo español, en sus breves períodos de mando, se mostró dispuesto a rectificar tan aldeana política de previsión nacional. Pero los altibajos de las convulsiones españolas no permitieron nunca larga etapa de conciliación y buen gobierno. No obstante, estos movimientos pendulares van dejando en la isla un residuo progresivo de franquicias que, totalizadas a fin de siglo, dan un enorme balance de libertades políticas y administrativas.

De 1797 a 1898 tuvimos la fortuna de no sufrir ataques ni invasiones extranjeras. No por eso faltaron tribulaciones. El siglo comienza con la ruina económica producida por la supresión del "Situado". El resurgimiento de la piratería en el Caribe y numerosos huracanes amenazaron con destruir nuestro comercio y nuestra agricultura. Una virulenta epidemia de cólera mermó la población en 30.000 habitantes. Y hasta la actuación de algún extremado gobernante pudo considerarse como una calamidad pública.

La encendida lucha entre conservadores y liberales era un reflejo de idéntico fenómeno en España. La totalidad casi absoluta de nuestros pocos e intrascendentes intentos subversivos no fueron sino manifestaciones de esa pugna; y si la política de gobierno polarizó la masa de funcionarios peninsulares, en Puerto Rico, en agrupaciones reaccionarias, los liberales puertorriqueños contaron siempre con valiosos colaboradores peninsulares en la Prensa, en el Parlamento y hasta en el propio Gobierno, tanto en la isla como en España.

Al terminar el siglo, los habitantes de Puerto Rico, casi totalmente agrupados bajo el ideal autonomista, pudieron lograr conciencia de pueblo, de unidad social, por la existencia de problemas locales, propios, por la independencia administrativa y la libre orientación económica para resolver esos problemas que nos otorgaba el acta orgánica del 97, por la personalidad internacional que en asuntos comerciales la Metrópoli nos reconoció al fin; pero, sobre todo, por la parcial fusión de nuestros entronques étnicos y la total convivencia de sus ramas; por la calidad de nuestros mejores hombres representativos, valores propios y al mismo tiempo extrafronterizos.

En el mismo momento en que ese pueblo se disponía a emprender un nueva etapa de madurez, en armonía con su pasado, sufrió la violencia de un cambio desquiciador, en virtud de una guerra a cuya declaración fuimos ajenos, por el rigor de una derrota a la que no contribuimos, por disposición de un tratado de paz en cuyas negociaciones no tuvimos voz ni voto. Ante la fuerza de las armas y las exigencias exageradas del vencedor, se subyugó nuestra personalidad de pueblo —de provincia autónoma— y pasamos como botín de guerra a ser colonia de una extraña y poderosa nación con la que no teníamos deuda pendiente alguna. En consecuencia, provisionalmente, cesamos, en seguida, en el ejercicio de nuestra autonomía y se nos impuso un gobierno militar "absoluto y supremo"

SIGLO XX
OCUPACION NORTEAMERICANA
Desorientación

Hasta el siglo XVIII Puerto Rico había sido una ciudadela ultramarina del patrimonio imperial. A su amparo crecía una población civil como prole adolescente bajo la potestad de una delegación o sucursal del hogar paterno. El siglo XIX vio la transformación de esos habitantes en pueblo regional bien definido; pero los acontecimientos del 98 vinieron tan a raíz de esa metamorfosis, que dimos pruebas de inexperiencia y mostramos resabios no superados de puerilidad colectiva. La primitiva comunidad se había organizado civilmente, y su diferenciación dentro de la unidad nacional se plasmó en un Estado autonómico; pero no había alcanzado aún perfecta sazón de madurez en el libre ejercicio de recién adquiridas libertades. No habíamos sino acabado de desechar el aparato ortopédico de la tutela militar, cuando sobrevino la catástrofe.

Si bien es verdad que Puerto Rico no tenía pleito alguno pendiente con Estados Unidos, Cuba mantenía tan agria disputa con la Metrópoli, que el imperialismo industrial norteamericano creyó ver perjudicados sus intereses en la pugna, o avizoró fáciles ganancias en precipitar una intervención directa. Una vez ganada la voluntad de McKinley por los planes del expansionismo, y convencida la nación, por medio de propagandas adecuadas, tanto de la justicia y humanitarismo de la intervención como de su oportunidad y provecho, se desató la guerra. Los fáciles, aunque costosos, triunfos de las armas estadounidenses provocaron la ampliación de las operaciones, y Puerto Rico se vio envuelto en la contienda. (*Vide* Walter Millis: *The Martial Spirit*).

La guerra no fue sino la última fase de la expansión territorial de los Estados Unidos, cuyos antecedentes son dignos de examen.

Disidentes de la Iglesia anglicana y otros elementos dinámicos de la población del Reino Unido fundaron las colonias inglesas de la costa atlántica de Norteamérica. Cómo obtuvo la bandera británica su predominio en esa costa, contra indios, franceses y holandeses, no es asunto pertinente. Baste anotar dos géneros de factores: la indudable tenacidad laboriosa del pionero, la combinación de su instinto práctico y su fervor mesiánico, lograda en el grado más conveniente a la comunidad, y la solidaridad social de la raza que vive en la tradición sajona. En otro orden, ayudaba al progreso de las colonias la sagacidad diplomática de Inglaterra y la habilidad política que apelaba a la fuerza en condiciones propicias o como último recurso solamente. Suerte o habilidad ésta, que, al hablar de los indios, Daniel Denton (1670) achaca piadosamente a la intervención de la Providencia: "Por lo general se ha observado que allí donde se establecen los ingleses, una mano divina les abre el camino, removiendo o eliminando a los indios, bien por la guerra entre ellos mismos, bien por medio de una devastadora epidemia." (Bourne: *Spain in America*). Tenemos *testimonios* de que el apóstol Santiago intervenía en favor de los españoles; pero la ventaja británica estriba en que la ayuda providencial no relevaba a los castellanos de batirse personalmente en dura lucha con los indígenas.

Fuera como fuese, las colonias crecieron y se independizaron. La subsiguiente expansión era inevitable; y hasta estaba prevista y profetizada. Véase, si no, entre otros, el "Précis des objets de la Commission de M. Kalb envoyé à M. le Duc de Choisel le 6 Août 1768", donde se afirma que la independencia de las colonias no está lejos, y se añade que "en el transcurso del tiempo invadirán todas las posesiones que las Potencias europeas tienen en América, tanto en tierra firme como en las islas". (Yela y Utrilla: *España ante la independencia de EE.UU. Documentos*). La profecía llegó a cumplirse casi en su totalidad, salvando, naturalmente, el giro imprevisto en aquella fecha, que había de tomar el imperialismo por el camino del predominio económico con preferencia a la ocupación territorial.

Del mismo modo, D. Pedro Abarca de Bolea, ministro de Carlos III en la corte francesa, repite con insistencia machacona iguales conceptos en su correspondencia oficial con los jefes de gobierno Grimaldi y Floridablanca. Las trece colonias inglesas, decía, "las nemos de mirar ya como potencia naciente para sujeción nuestra";

"la América es ya una parte del mundo considerable, con distancia de las otras tres que anima a su independencia"; y la América española "tendrá exemplo de ella (de la independencia) en las colonias inglesas, y el apoyo en éstas con inclinación de patriotismo para que siga su exemplo". Para remediar esto proponía "atar el dedo de España" con las colonias inglesas, mediante tratados de amistad y de comercio. (Yela y Utrilla: *loc. cit.*).

España socorrió directa e indirectamente a los rebeldes con armas, hombres y enseres; les ayudó en las campañas de Mobile, Pensacola, Natchez; recabó de Inglaterra, en un ultimátum, la concesión de la independencia, y entró, por último, en guerra con la Gran Bretaña. Pero no se dignó *"atar su dedo"* con la nueva nación; y despreció varias proposiciones que Estados Unidos le hiciera y que Carlos III se limitó a agradecer con buenas palabras.

La empresa conquistadora de España había sido tan vasta, que muchos territorios estaban insuficientemente poblados, mal organizados y peor defendidos; en especial las posesiones que se extendían desde las dos Floridas hasta las Californias. Poco a poco, jalón a jalón, los Estados Unidos se van ensanchando, por compra de la Luisiana y la Florida, por migración hacia el Oeste, por conquistas guerreras contra México, etcétera, hasta cubrir, como aguas de inundación que buscan su nivel, la extensión comprendida desde los Grandes Lagos al Golfo, y desde uno a otro océanos. Se llegó a los límites naturales, y nació un imperio poderoso por sus enormes riquezas y su vigorosa actividad industrial.

Para entonces todavía siguen los augurios proféticos. Véase un botón de muestra: "Sonará la hora, que no está quizás lejos —dice el viajero francés Quatrelles—, en que... todas las perlas de ese rosario maravilloso desgranado por Dios sobre el mar de las Antillas, recibirá la ley de Washington. Yo bien quiero creer que el pabellón estrellado flotará un día desde el ecuador a los polos, y que el hermano Jonathan (el Tío Sam) despertará a golpes de pie y de puños, si hace falta, esos pueblos adormecidos; pero o mucho me equivoco o ese ardor no será sino de corta duración."

A fines del XIX ya existía en Estados Unidos la "superproducción". "Cosechamos más de lo que consumimos. Hoy (1898), nuestra sociedad industrial está congestionada; hay más trabajadores que trabajo; más capital que inversiones." (Beveridge, según Bowers). Imperiosa era la necesidad expansiva, aunque no necesariamente territorial. "La extensión territorial no es deseable por sí sola. Es, y será, un mero accidente de la extensión comercial." Es decir, los procedimientos del imperialismo comercial no estaban aún refinados en Estados Unidos para poder prescindir de la ocupación militar de los futuros mercados tributarios. (*Vide* C. G. Bowers: *Beveridge and the Progressive Era*).

La necesidad comercial tuvo por aliado cierto humanitarismo puritano y nacionalmenteególatra que veía en la bandera de las franjas y estrellas un estandarte de redención mundial y sentía el anhelo proselitista de propagar, mundo adelante, las llamadas libres instituciones yanquis. El éxito rápido, increíble, rotundo, alcanzado por la nación en breves años de vida, dió rienda suelta al optimismo y subconscientemente reafirmó su mesianismo y su creencia en la propia rectitud de móviles y principios. Al aceptar su prodigiosa buenaventura como premio merecido de la Divina Providencia, dedujo que sus instituciones y costumbres eran, si no el único *standard* de civilización y de cultura, infinitamente superiores a las extrañas. (Para la clave puritana de esta actitud, *vide* André Siegfried: *America Comes of Age*).

Bajo tan irresistible combinación le tocó caer a Puerto Rico en 1898. Para nosotros, aquel momento de transición —desde febrero del 98, en que empezamos a gozar la autonomía, hasta mayo del 1900, en que se inauguró el primer Gobierno civil bajo el régimen norteamericano— debió haber sido la hora de la verdad; del realismo puro y sereno; de las visiones claras y las determinaciones enérgicas. Salvo un contado grupo, en el que se destaca D. Eugenio María de Hostos, nadie lo comprendió así. Triunfó el fácil optimismo, la ingenuidad pueril, la garrulería vacua, el oportunismo acomodaticio, la patriotería indocumentada.

A tamaña desorientación de casi todo un pueblo, donde la masa apenas había tenido tiempo de darse cuenta exacta de las ventajas obtenidas por la autonomía, contribuyó no poco el separatismo de última hora; sin que esto sea poner en duda la legitimidad de sus intenciones ni su fervor patriótico, sino la oportunidad de su táctica, la claridad de su visión y la discreción de su fe y su esperanza en el gobierno de Estados Unidos.

Ni la idiosincrasia del pacífico pueblo puertorriqueño, que recibió a principios de siglo fuertes inmigraciones de criollos sudamericanos leales a España y que acrecentó su población con innumerables militares casados en el país; ni las condiciones de la isla, bastante bien guarnecida y falta de maniguas y de extensión, eran propicias al desarrollo de un separatismo armado y beligerante. Preponderaba, sin embargo, el elemento liberal entre los nativos; pero desengañado de la eficacia de los movimientos armados, ponía su esperanza y orientaba su política dentro de los límites del reformismo y la evolución. Hasta los más destacados líderes rebeldes, como Betances, Ruiz Belvis y Hostos, no fueron, al principio, sino regionalistas dentro de las doctrinas del auténtico liberalismo español. Los Diez Mandamientos del Hombre Libre que proclama Betances desde Santomas, en 1867, están lejos de ser separatistas. Pi y Margall pudo haberlos suscrito. Dicen así: Abolición de la esclavitud. Derecho de votar todos los impuestos. Libertad de cultos. Libertad de palabra. Libertad de imprenta. Libertad de comercio. Derecho de reunión. Derecho de poseer armas. Inviolabilidad del ciudadano. Derecho de elegir las autoridades locales.

Fundamentalmente, es casi el mismo programa con que nuestros diputados reformistas se incorporaran a la República del 73: Son, en lo esencial, casi las mismas concesiones que se nos otorgan con la Carta Autonómica de 1897. Eugenio María de Hostos proclamó varias veces su amor a la madre patria, y sin ningún prejuicio en favor de la separación absoluta. Suyas son estas palabras: "Es necesario hacer esfuerzos de carácter para hacer conocer que el hombre que juzga a España sin el odio ni la pasión que parecen nesarios en esta empresa es un hombre de esfuerzos morales e intelectuales"; y estas otras: "Las Antillas estarán con España si hay derechos para ellas; contra España, si continúa la época de dominación." (Antonio Pedreira: *Hostos, ciudadano de América*). "Como medida conciliatoria deseaba Gobiernos y Asambleas coloniales para Cuba y Puerto Rico; esto es: independencia autonómica, *pero, de tal modo, que independencia no sea rompimiento de relaciones, sino creación de las que no existen hoy; de las relaciones del afecto y del interés material, moral y etnológico.*" (Ibídem). En la Península, Hostos luchó al lado de los liberales revolucionarios hasta que, en 1869, el general Serrano, jefe del Gobierno provisional, le hizo perder toda esperanza de conciliación. (Véase: Pedreira, *loc. cit.*). Todavía en abril de 1896, Betances, no sólo como representante del separatismo puertorriqueño, sino también como agente de la insurrección cubana, en París, se muestra dispuesto a oír proposiciones para poner fin a la guerra de Cuba sobre las *"bases de la independencia canadiense"*; aunque añade que, "en todo caso, yo veré venir y he de pedir —siempre, se entiende, *ad referendum*— cosas tan fuertes que Máximo Gómez y Maceo habrían de contentarse con ellas". (*Memoria de la Sec. P. R. del Part. Rev. Cub.;* Apéndice 3, y Acta 10).

Dos cosas empujaban a estos hombres, casi contra su voluntad, hacia el separatismo: la imposibilidad de llegar a un entendido estable con los Gobiernos de la Metrópoli, dados los vaivenes de la política nacional; y los continuados agravios del régimen en las Antillas.

Los principales agravios en Puerto Rico consistían en el militarismo, que monopolizaba la mayor parte de los presupuestos isleños para su uso exclusivo, impidiendo satisfacer las necesidades coloniales; y, en la corrupción política de los Gobiernos, que mediatizaba las elecciones de diputados a Cortes y robaba a la isla de genuina representación en la Metrópoli. Estos males políticos no eran exclusivos de la Administración local, sino reflejo de los errores y corruptelas imperantes en la nación en esa época; y, la lucha contra ellos era, más que separatismo, afán de renovación nacional.

Los excesos cometidos por la mano militar en Cuba solidarizaron el separatismo puertorriqueño con la causa cubana, y al insurreccionarse la Antilla hermana bajo las inspiraciones de Martí, fundió en uno solo los separatismos de ambas islas. Así nació en Nueva York, el 8 de diciembre de 1895, la Sección Puerto Rico del Partido Revolucionario Cubano, bajo la presidencia del Dr. Henna. Hostos en Suramérica y Betances en París, pasaron a ser agentes oficiales de la revolución antillana. Y la ya comentada crisis del autonomismo en Puerto Rico prestó ímpetu a la gestión revolucionaria de las emigraciones nativas en el extranjero.

Al cambiar las cosas, con la Autonomía, en Puerto Rico, se debilitó el apoyo, casi exclusivamente nominal, prestado por la opinión insular a la conspiración neoyorquina; pero ya desde antes, disensiones en el seno de la *Sección* y en sus relaciones con el delegado cubano Estrada Palma, habían imposibilitado toda actuación patrióticamente eficaz. Las disensiones no fueron todas de carácter personalista. Prolongada residencia en Nueva York había dispuesto a algunos miembros de la *Sección* a ilusionarse desmedidamente con las instituciones yanquis, y se hicieron a la idea de una posible emancipación de España por medio de la anexión a Estados Unidos. Los acontecimientos se precipitaron, sin que el Directorio obtuviera garantía concreta alguna de que los Estados Unidos respetarían la personalidad del pueblo isleño. Hostos llegó de Suramérica a Nueva York el 16 de julio del 98, demasiado tarde para poner remedio a esta situación. Todo se fió a la buena fe del pueblo estadounidense, sin comprender que una cosa es el entusiasta y mesiánico idealismo de un pueblo, y otra muy diferente el imperativo imperialista del Gobierno que lo rige, y el 2 de agosto se disuelve la *Sección*, no sin que antes se derrotase una moción —trece votos contra diez— donde se pedía al Directorio que tomase medidas "para que la personalidad de Puerto Rico sea reconocida en la invasión". (Acta 54).

Un corto número de separatistas ilusos, mayoría dentro de la *Sección*, quiso jugarlo todo —inclusive la autonomía obtenida de España— a la ruleta de una invasión norteamericana, sin previas garantías de respeto a nuestros derechos. Sus actividades en ese sentido no tuvieron gran trascendencia en lo que a los planes del Gobierno norteamericano se refiere; pero la invasión se produjo. Al perderse con ella la autonomía y ser substituída primero por un Gobierno militar "supremo y absoluto", y después por cartas orgánicas muy inferiores a la del 97, aquellos ingenuos caballeros no ganaron, como ciudadanos de Puerto Rico, otra cosa que el privilegio de sentirse tan optimistas ante Estados Unidos como pesimistas se habían sentido ante España. Pero sus prédicas, tanto como su optimismo, influyeron en la desorientación del pueblo isleño ante hechos consumados.

Contribuyeron también a la desorientación las protestas y promesas hechas por los Estados Unidos, por medio del general en jefe de la invasión, Nelson A. Miles, al pueblo de Puerto Rico: "Veni-

mos —decía— por la causa de la libertad, la justicia y la humanidad...,
a promover vuestra prosperidad..., a dar a todos... las ventajas y
bendiciones de la civilización ilustrada." Si no faltaron hijos del
país que ofrecieron flores al invasor, la simpleza de ese gesto debe
juzgarse no sólo como resultado de la seducción ejercida por tan
sonoras como vanas palabras, sino también como muestra de simpatía hacia quienes, aparentemente, no perseguían otra finalidad
que socorrer a los patriotas del pueblo hermano en la consecusión
de sus derechos y libertades.

Pero tampoco faltaron numerosos puertorriqueños que no se
solidarizaron nunca con el invasor. A la desorientación general se
sumaba la agravante de las divisiones de criterio y opinión. La mayoría de las clases populares, el campesino, el jornalero, el artesano,
ignorante de la trascendencia del momento, no hizo —no estaba
en condiciones de hacer más— sino reflejar la confusión de los
estratos superiores. Su ingenuidad, algo templada por el impreciso
recelo que todo lo extranjero o extraño tiende a despertar entre
simples buenas gentes, se tradujo en titubeos, mezcla de curiosidad
y timidez, de pasividad y novelería. Y muchos, a fuerza de oírlo decir
al dominador y sus agentes, llegaron a creerse verdaderamente
redimidos. Finalmente, vino a aumentar la confusión un violentísimo huracán, que arrasó la isla en agosto del 99 y dejó gran parte de
la población a merced de la caridad del ejército invasor.

Durante las negociaciones del tratado de París, España protestó
cuanto le fue posible contra la exigencia de ceder a Puerto Rico.
"Los Estados Unidos no mostrarán empeño en imponer —alegaba
la diplomacia española— al que reputan obligado, la dura ley de
enajenar lo que, sin haber estado jamás en litigio, tiene un precio
de afección especialísimo." Más adelante preguntaban los diplomáticos peninsulares si "acogería el Presidente de la República el
propósito de admitir en substitución a Puerto Rico otra forma de
compensación territorial". Esta frase aludía a Filipinas, y los Estados Unidos, se apresuraron a admitir, no la substitución, pero sí la
inclusión de ese archipiélago en el botín. Como España se interesase
por la suerte de los pueblos cedidos, replicaron los plenipotenciarios
estadounidenses que "seguramente puede confiarse que el Congreso
de una nación que nunca dio leyes para oprimir o mermar los de-

rechos de los residentes en sus dominios..., no saldrá de su bien establecida práctica al ocuparse de los habitantes de estas islas".

Tanto en las negociaciones de paz como en las proclamas del general Miles y en la actuación posterior del Congreso se revelan indicios patentes de que los círculos oficiales de Estados Unidos no demostraron estar bien percatados de lo que era el pueblo y la isla de que, con tan decidido empeño, quisieron apoderarse.

Si por un lado, el nuevo dominador quiso creer que la situación en Puerto Rico era idéntica a la de Cuba en cuanto a la beligerancia y acritud de sentimientos contra la madre patria, por otro optó arbitrariamente por considerarla parecida a la de Filipinas en cuanto a lo que se dio en llamar "falta de preparación para el gobierno propio". No obstante, según la razonada y bien documentada exposición de D. Luis Muñoz Morales *(El status político de Puerto Rico)*, "si no en detalle, era en su conjunto conocida por el Gobierno de Washington la organización política y estado legal de esta isla; y en cuanto a la ley autonómica mencionada (la concedida por España en el 97), mereció especial y favorable consideración del Presidente McKinley" en su mensaje de diciembre 26 de 1897.

Para la masa del pueblo de Estados Unidos, éramos nosotros una raza menor de edad, pintoresca y atrasada; pero, en el fondo, buena y digna de protección. Necesitábamos, por tanto, la tutela paternal, pero enérgica, de su admirado Gobierno federal. ¿No lo daba así a entender casi toda la gran Prensa norteamericana, y en especial los periódicos republicanos? La mera ocupación del territorio por el ejército nacional era ya una liberación para nosotros; un notable adelanto, un gran progreso sobre la forma de gobierno opresora, vejaminosa y abusiva que, *en su concepto*, padecíamos al llegar a nuestras playas los representantes militares de la democracia norteamericana. Luego se nos podía ir preparando lentamente para una autonomía más o menos amplia. Mientras se comprobaba si nuestro pueblo tenía madera adecuada para tallar en ella un hombre político a imagen y semejanza del granjero de Iowa, del fundamentalista misisipiense o del agiotista neoyorquino, se crearía una colonia, favorecida por el privilegio inalienable de servir de mercado a la industria nacional. Por eso pudo decir sinceramente Beveridge —prototipo *de lo mejor* del imperialismo estadounidense—

que aquella guerra era "el gran propósito de Dios manifestado en los instintos de nuestra raza (la angloamericana), cuya fase presente (1898) es nuestro lucro personal, pero cuyo fin remoto es la cristianización de la humanidad". (Bowers, *loc. cit.*).

El inexacto criterio oficial que sobre la isla tenían los propulsores de la política, y la *benévola*, pero indocumentada actitud del pueblo hacia nosotros, en Estados Unidos, tuvieron en Puerto Rico, por nuestra parte, interesante réplica en la idea, confusa aunque exaltada, que nos habíamos hecho del "pueblo de Estados Unidos como cuerpo político" y de la "Gran República" como fenómeno histórico.

Nuestros liberales profesaban tener una visión idílica de lo que había sido y era la nueva Metrópoli. Algunos, entre ellos, habían leído a Tocqueville *(La Démocratie en Amérique)*; pero la mayoría basaba sus ideas sobre Estados Unidos en la retórica romántica de ciertos liberales peninsulares que hablaban de Lincoln y de Washington como si se tratase de fraternales compañeros de club y de logia, y paseaban por el salón de sesiones del Congreso madrileño, en andas de fervorosos discursos, el cuerpo de John Brown, que, al parecer, no se pudría inútilmente en su tumba. Estos discursos se aprendían de memoria en Puerto Rico y se repetían con casi voluptuosa delectación. Pero, además, nuestros liberales conocían bastante bien la letra de la Constitución de los Estados Unidos de América. Lo que desconocían era la evolución económica de la "Gran República", que la llevaba de la mano al imperialismo expansivo. De lo que no se habían enterado era de la tendencia histórica hamiltoniana, que, frente a la teoría democrática y revolucionaria de Thomas Jefferson, se apoderó de la recién nacida nación norteamericana, y, no logrando trastocarla en "monocracia", hizo lo posible para convertirla en una oligarquía de plutócratas. Lo que no comprendían era que si esta política de Alexander Hamilton fue puesta temporalmente en jaque por el genio organizador de Jefferson, no tardó en resurgir, favorecida por el desarrollo industrial, ganando auge y prestigio bajo la administración de Lincoln, precisamente. No se habían enterado nuestros liberales que en el 98 no era Jefferson el inspirador de la vida política norteamericana, y por eso tomaron demasiado en serio y demasiado textualmente aquel principio básico de la Constitución de los Estados Unidos que establece que la soberanía emana del pueblo y que la justificación de todo gobierno estriba en el consentimiento de los gobernados. (Para la génesis de las tendencias políticas en Estados Unidos, *vide* Bowers: *Jefferson and Hamilton*).

Esta mutua incomprensión o recíproco desconocimiento que, en la mente de los norteamericanos, nos daba por redimidos con la sola presencia en nuestra tierra de un nuevo amo, y movió a nuestro pueblo a esperar que en el bagaje del ejército invasor vendría un maravilloso acopio de libertades y beneficios para ser distribuído gratuitamente entre nosotros, hizo que los partidos políticos isleños fundados a raíz de la invasión proclamaran que "la América del Norte es un Estado de Estados y una República de Repúblicas. Uno de esos Estados, una de esas Repúblicas, debe ser Puerto Rico en el porvenir...",[1] o solicitasen la completa y total asimilación.

Una noble voz de alarma, juiciosa y documentada, se alzó entonces, para precavernos del riesgo inminente que corría nuestra personalidad de pueblo. "Nosotros debemos declarar..., una vez por todas, que nunca hemos pedido ningún otro régimen, gobierno o administración que no sea el de nosotros mismos. En los Estados Unidos no hay autoridad, ni fuerza, ni poder, ni voluntad, que sea capaz de imponer a un pueblo la vergüenza de una anexión llevada a cabo por la violencia de las armas, sin que maquine contra la civilización...; la ignominia de emplear la conquista para domeñar las almas. Una anexión forzada —el propio McKinley lo había dicho— es una agresión criminal." Era la voz de D. Eugenio María de Hostos. (*Vide*, Pedreira: *Hostos*).

Hostos no fue sólo pensamiento y voz; el rumbo consciente de su vida es una curva coordinada por la acción y los principios. En la crisis de fin de siglo abandonó su refugio chileno; trató en Nueva York de contener el giro desfavorable que tomaba la intervención; regresó a Puerto Rico, donde fundó la Liga de Patriotas, cuyo principal objeto era salvar la libre determinación del pueblo isleño mediante el plebiscito; convocó Asambleas, redactó programas, pronunció discursos, escribió artículos, todo ello tendente a orientar a sus compatriotas. Acudió a Washington en comisión, con otros dele-

---

1. El latente federalismo *ibérico* de nuestros liberales creyó encontrar su marco.

gados, para recabar de los Poderes las legítimas aspiraciones de la isla. Logró, al fin, en su tierra, simpatizantes, colaboradores y un grupo de prosélitos. Entre los mismos norteamericanos encontró admiradores. Pero todo fue inútil. Milagro hubiera sido lo contrario. Casi milagro fue que alcanzara despertar un grupo de opinión. Del infeliz acoplamiento de incomprensiones mutuas entre el dominador y el pueblo isleño, acentuadas por la diferencia de lenguas, tenía que surgir lo que surgió: Por parte de los nuevos amos, el sentimiento de rectitud y hombría de bien al imponer su voluntad en la isla; por nuestra parte —por parte de la generalidad de nuestro pueblo—, la confiada aquiescencia o el deslumbramiento expectante. Los hechos consumados se ratificaron, sin nuestra intervención, por medio de un tratado internacional. Mientras tanto, un régimen de excepción, un Gobierno militar provisional (duró dieciocho meses y pico), pero absoluto y supremo, obstaculizaba la protesta y coartaba la libertad de Prensa. "Entre el general Macías y el general Henry —dijeron en el Congreso de Washington— no se observa ninguna diferencia, salvo la de que el último habla un idioma que los puertorriqueños no entienden, y el primero nunca ordenó que se cavaran fosas para llenarlas de cadáveres puertorriqueños cuando se anunciaba una revuelta." (J. J. Henna y M. Zeno Gandía: *The Puerto Rico Case.*)

Si la desorientación ha perdurado por bastante tiempo en Puerto Rico, el deslumbramiento alucinado e ingenuo duró poco. El flamante partido federal, que creía de buena fe en que Estados Unidos era una "República de Repúblicas", se transformó en la Unión de Puerto Rico, que propugnaba el frente único de los isleños para ir arando en el terreno de las pequeñas concesiones políticas con los únicos bueyes que a su alcance creía tener. El llamado partido republicano mantuvo su ideal de estadidad dentro de la República del Norte; pero desde 1904 ha estado en minoría, mientras la Unión copaba, bienio tras bienio, todos los distritos electorales, hasta el año 1910, en que nuevos factores políticos eliminaron los copos.

La actitud del pueblo había sufrido un cambio. Aquellos mal guiados pupilos del Tío Sam que aspiraron un día, ingenuamente, al título de sobrinos legítimos, se desilusionaron pronto. Por boca de magnates y dignatarios de la Gran República aprendieron la cruda verdad de que los Estados Unidos no abrigaba plan concreto alguno para dignificar las relaciones mutuas por encima de una ordinaria sujeción colonial. En todos los tonos, desde la brutal frase gruesa e impolítica, hasta el bien meditado y comedido circunloquio, se les hizo saber que no debían soñar con la incorporación de la isla como un Estado más en el seno de la República. (Las citas para comprobar este aserto son numerosísimas. Un selectivo resumen de ellas aparece en Luis Muñoz Morales, *loc. cit.*, donde se inluyen opiniones del Presidente republicano Taft hasta el demócrata Wilson.)

La ausencia de una estrella adicional —símbolo de la estadidad de nuestra isla— en la bandera de los Estados Unidos no significaba omisión temporal, sino ley permanente de aquella nórdica constelación. Y en el sentimiento popular la estrella inadmitida, la estrella solitaria, alcanzó, como insignia de aspiraciones emancipadoras, el sentido orientador de la estrella polar. Acorralados los líderes políticos entre la evidente determinación norteamericana y el sentimiento popular isleño, la mayoría entre ellos optó por replegarse en ambigüedades oportunistas. Es natural que no les faltase voluntad para ponerse a la altura de las circunstancias, pero o no pudieron o no supieron hacerlo; y la desorientación de las masas siguió su curso, pasando del cándido deslumbramiento al decaimiento y la desorganización, sembrando el titubeo y la duda, dando pábulo a actitudes tan paradójicas y negativas como la resignación inconforme, la desesperación académicamente esperanzada, la jaibería pitiyanqui o patriotera, etcétera.

Por eso pudo decir Rosendo Matienzo Cintrón, en 1903: "Hoy Puerto Rico sólo es una muchedumbre." Pese a todas las buenas intenciones y todas las buenas voluntades, la ocupación norteamericana había sido el disolvente en la progresiva cristalización de nuestro pueblo, laboriosamente conseguida durante el siglo XIX. Todo tendría, pues, que comenzar de nuevo.

Los gobiernos o *administraciones* que se sucedieron en Washington no mostraron prisa ni interés en resolver las dudas puertorriqueñas ni en definir ni orientar el *status* definitivo de la isla. Salvo alguna declaración en el sentido de que la ocupación se considera como permanente, todo lo demás que se desprende de la política

—o mejor dicho, falta de política definida— de la nueva Metrópoli tiene un vago carácter transitorio. La conclusión forzosa es que vivimos en régimen de permanente interinidad. En el mejor de los casos, Washington se ha limitado a tratar de resolver algunos de nuestros problemas locales, imponiendo soluciones del más puro estilo norteamericano; o a prestarnos, con reconocida generosidad, ayuda económica cuando alguna catástrofe meteorológica azota la isla.[2]

Políticamente le hemos servido a la nación soberana como animal de laboratorio donde ensayar, en vivo, experimentos del colonialismo; pero sin fruto provechoso, pues la misma falta de una política clara, sabia, adecuada y constructiva ha impedido obtener otra experiencia que la que se pueda deducir de periódicos y repetidos fracasos. Los Estados Unidos ni han querido admitir francamente el propósito de mantenernos en estado de colonia explotada, generación tras generación, ni han pensado en incorporarnos de derecho a la federación, ni han dado metódica e intencionalmente al pueblo isleño oportunidades de ir buscando un camino propio hacia el porvenir. Al mismo tiempo no han titubeado en revisar precedentes establecidos, intenciones declaradas formalmente y promesas más o menos ambiguas para prolongar a todo trance en Puerto Rico aquella primera fase de la expansión de que dijera Beveridge, en 1898, que resultaría un lucro personal para los ciudadanos continentales de la Gran República.

Porque si bien es verdad que ni el Estado ni el pueblo norteamericano se han lucrado *directamente* de nuestra miseria; a determinados intereses personales, en particular, y al industrialismo estadounidense, en general, le hemos servido de inagotable fuente de riqueza, con grave detrimento de nuestra población pauperizada.

Nuestra principal riqueza agrícola, y al mismo tiempo nuestra

---

2. Desde 1935, a la política del actual Presidente F. D. Roosevelt le bastó la crónica miseria isleña para ir derramando sobre Puerto Rico millones de dólares: Caudaloso nuevo *situado*. (Asignaciones de la P.R.R.A., 1935-1941: 70 millones). Pero el remedio fundamental —aún en lo económico— no estriba sólo en dinero. Paralelamente ha habido en Washington menos incomprensión o mayor inquietud o sentido de responsabilidad. Ello no ha sido obstáculo para que ocurran cosas y casos en abierta y dolorosa contradicción con la nueva política sobre todo bajo el gobernador General Winship.

mayor y casi única industria —el cultivo de la caña y la elaboración del azúcar—, están controladas casi totalmente por corporaciones norteamericanas ausentes que han llegado a pagar hasta el fabuloso dividendo de 115 por 100. Los Estados Unidos, mediante el arancel tarifario y la ley federal de cabotaje, ejercen, en la realidad de la práctica, el monopolio comercial en la isla. No podemos utilizar sino barcos estadounidenses para traer del Norte casi todo lo que consumimos o para llevar a la Metrópoli la totalidad casi de lo que producimos. Traer arroz nos cuesta en fletes (Nueva York-San Juan) siete veces más de lo que cuesta importarlo a Estados Unidos a través de una distancia tres veces y media más larga (Japón-San Francisco). Exportar nuestro café a Nueva York nos cuesta, por millar de millas, el doble de lo que le cuesta a Río de Janeiro llevarlo al mismo sitio. De esta manera, a costa de miserias y penalidades, hemos llegado a ser el séptimo consumidor mundial de Estados Unidos y ponernos en el primer lugar entre todos los clientes de los Estados Unidos en América Hispana. (Para el aspecto económico de las relaciones con Estados Unidos, véase el excelente estudio de B. W. y J. W. Diffie: *Porto Rico: A Broken Pledge.*)

El Estado que adquirió el compromiso internacional de tutelarnos y protegernos, y que hizo en nuestra tierra promesas de libertades y bonanzas, pronto dejó que, salvo en aspectos formalmente oficiales, las relaciones entre ambos pueblos estuvieran a merced de unas fuerzas económicas irresponsablemente expansivas que, desde su ciudadela neoyorquina, han ejercido mayor y más eficaz dominio sobre la isla que la propia *administración* washingtoniana.

Ante este hecho, la pasividad de Washington ha sido benevolente para con dichas fuerzas, y, en ocasiones, se ha transformado en activa cooperación indirecta, en nombre del comercio y la industria nacional, pero sin considerar —o al menos sin comprender— los intereses vitales de la colonia.

Es casi axiomático que todo el colonialismo implica la supeditación de los intereses coloniales a los nacionales. Cuando la colonia es una mera prolongación racial de la Metrópoli, cabe el recurso de apelar a la solidaridad de raza y a consideraciones de orden superior dentro del interés nacional. Se puede entonces confiar en futuras rectificaciones que, tarde o temprano, reincorporen el territorio colonial a la nación como provincia, como región autónoma o como estado confederado. Por encima de los agentes militares y burocráticos de la Metrópoli, por encima de determinados intereses particulares, los pueblos hermanos de la colonia y de la madre patria pueden, y con frecuencia logran, llegar a la dignificación de las relaciones mutuas. Este es el caso del Imperio Británico con respecto a Canadá; de los Estados Unidos con sus llamados territorios continentales y contiguos con la primitiva Federación; de España con Canarias o con las plazas africanas de soberanía, como Ceuta y Melilla. Tal era el caso, también, de Puerto Rico con respecto a España. Pero cuando la colonia está formada por gentes extrañas a la nación, con lengua, tradiciones y costumbres distintas; y más aún, cuando se considera al pueblo colonial como inferior, primitivo, atrasado, inmaduro o *impreparado,* entonces toda esperanza de dignificación de relaciones dentro de la sujeción es tan remota e improbable, que no puede pasar de ser un académico consuelo para los coloniales.

Para mejor comprender el efecto que causaron en la isla las fuerzas económicas metropolitanas que se desataron, sin cortapisas, sobre la colonia bajo el régimen norteamericano, es útil recordar la economía isleña en las diferentes etapas históricas.

Todo análisis históricogeográfico de Puerto Rico lleva a la conclusión de que éste es un país fundamentalmente agrícola y no-capitalista; crematísticamente pobre, con limitadas posibilidades de bienestar bajo el imperialismo industrial capitalista. País proletario le ha llamado Araquistain con frase gráfica, en su introducción a una conferencia de Antonio Colorado en el Ateneo de Madrid. Hasta el 98, económicamente, la historia de la isla puede dividirse en tres etapas, con modificaciones evolutivas que se van señalando en el transcurso de cada una de ellas.

La primera etapa comienza con caracteres de explotación factoril a base del indio y del oro. El factor indio y el factor oro ya han sido analizados en otro sitio de este mismo discurso. De las conclusiones a que allí se llega resulta que la explotación aurífera —a pesar de haberse substituido el indio por esclavos negros, en el siglo XVI— duró muy poco, no pudo ser nunca vigorosa y, por sí misma, careció de importancia. Desde un principio empezó a evolucionar esta primitiva etapa hacia un régimen entre feudal y patriarcal, a base de la agricultura y el pastoreo. Se efectúa una adaptación a las condiciones locales, se vive de los recursos naturales del país, y esto resulta en una abundancia sin lujos, un elemental bienestar condicionado a la fértil virginidad de la tierra. Así llegamos hasta el siglo XVII. Estas condiciones generales perduran en gran parte durante el siglo XVII y XVIII. Pero desde antes de terminar el siglo XVI se iniciaba ya la segunda etapa.

Esta etapa segunda dura aproximadamente dos siglos, hasta principios del XIX. Se caracteriza principalmente porque la vida económica, en todo lo que trasciende de un primitivo y elemental acomodo, es de carácter parasitario. Vivimos a expensas del resto del Imperio y la Nación, usufructuando las rentas reales por medio de la institución del "Situado" o defraudando al fisco por medio del contrabando.

Ese es el hecho escueto; pero ambos factores se justifican por las circunstancias y por satisfacer necesidades incomprendidas e inatendidas por la Metrópoli en el caso del contrabando (aspecto comercial), y bien comprendidas y satisfechas por la Corona en el caso del "Situado" (aspecto militar). Así queda ya explicado al tratar de estas cosas en sus respectivos lugares. En la isla aumenta el numerario en circulación, y van apareciendo y vulgarizándose artículos de importación que casi pueden clasificarse como de lujo o semilujo. Pero las fundamentales condiciones de vida evolucionan muy poco a poco; son, durante la mayor parte de estos dos siglos, casi idénticas a las de fines del XVI. Varían, naturalmente, a compás de las calamidades públicas: huracanes, piratería, ataques extranjeros, etc.; pero parte de estas oscilaciones pueden considerarse estables. Tales normas de vida pueden apreciarse como penuria o como holgura según se sitúe el que las juzgue dentro del marco del confort moderno o del esplendor de los virreinatos, o bien, dentro de la estrechez padecida por los labriegos europeos en las mismas épocas o la presente miseria de nuestros jíbaros de hoy.

Es decir, amoldándose a las condiciones de la tierra, había holgura para satisfacer las necesidades elementales; pero escaseaban medios para poder gozar de un gran número de productos importados y de los refinamientos y complicaciones de vida urbana europea. Por debajo de la población libre, que es a la que se refiere todo lo anterior, vivía una masa de esclavos, a la que sólo parcialmente pueden aplicársele las antedichas normas de vida, dada su condición. Pero los negros esclavos fueron siempre relativamente poco numerosos en Puerto Rico durante este período (alrededor de un 12 por 100). La esclavitud no influyó sino parcial y débilmente en la economía de esta etapa, por el retrasado desarrollo de las industrias agrícolas, como la extracción del azúcar de caña, que fue la causa principal del enorme número de esclavos en las otras Antillas. Cuando en Puerto Rico se intentó dar auge a esa industria, se facilitó al mismo tiempo la importación de negros; pero ya el siglo XVIII entraba en su última década (1789); hacía ya treinta años que el abolicionista inglés William Wilberforce había nacido, y pronto las naciones europeas iban a convenir, una tras otra, en la supresión de la trata negrera. Por otro lado, la reforma agrícola de 1795 había favorecido el régimen de pequeña propiedad, poco propicio a la esclavitud; y el número de jornaleros libres, tanto blancos como mulatos y negros, era ya numeroso.

La tercera etapa comienza con el siglo XIX, con la total supresión del "Situado"; pero sus antecedentes arrancan, cuando menos, desde la inspección de la colonia por el mariscal de campo D. Alejandro O'Reylly, en 1765. Para esa época, aunque se aumentaron los subsidios reales para el perfeccionamiento de fortalezas, por otro lado se inició una liberación del monopolio comercial, con miras a que la colonia pudiera ir desarrollando sus propios recursos, al par que se buscaba poner coto al contrabando. Luego, en 1810, la completa cesación del "Situado" obligó a ensayar reformas para reorganizar la vida económica de la colonia sobre bases más sólidas. Los frutos menores y la ganadería, preponderantes hasta entonces, fueron poco a poco, sin que se produjera el encarecimiento y la escasez que hoy impera, cediendo el paso a tres industrias agrícolas de importancia cada vez mayor: café, tabaco y caña de azúcar. La exportación de estos productos principales aumenta progresiva y considerablemente durante el siglo. Véanse las cifras recopiladas por Miller en el apéndice (G) de su Historia:

Producto	Año	Libras	Valor en pesos
Café	1828	11.160.950	?
Idem	1897	51.710.997	12.222.599
Azúcar	1828	18.782.675	?
Idem	1897	126.927.472	4.007.992
Tabaco	1828	2.406.100	?
Idem	1897	6.255.953	1.194.318

Los tres productos principales de exportación, señaladamente el café y el tabaco, se amoldaban perfectamente al régimen de pequeña propiedad y pequeña industria. El azúcar de caña, que pronto había de exigir latifundios, grandes maquinarias y enormes capitales, se mantenía en un nivel moderado, ayudado por pequeñas industrias secundarias, como la destilación de alcoholes y la elaboración de rones. De todos modos, el café era la base de la exportación y su valor triplicaba el del azúcar.

El comercio exterior no sólo creció durante el siglo, sino que se diversificó, hallando la isla mercados en las vecinas Antillas, en Europa y en Norteamérica. A fines de siglo, los Estados Unidos consumían el 40 por 100 de nuestras exportaciones, principalmente en azúcar. Europa aceptaba nuestro café como el mejor del mundo. En Santomas se apreciaba nuestra naranja o china. Etcétera.

La transformación de nuestra economía, de tipo evolutivo, se iba amoldando lentamente al progreso para satisfacer la demanda exterior sin violentar la economía interior con bruscas sacudidas. Probablemente el siglo XIX fue para nosotros una transición hacia otra economía más mecanizada y de mayor rendimiento; pero su ritmo pausado, evolutivo, permitía ir reajustando las condiciones locales al par que aumentaba el comercio exterior y el movimiento mercantil agrícola-industrial. Ese ritmo y esa armonía entre el progreso del comercio exterior y el bienestar interior quedó roto al implantarse en Puerto Rico la dominación estadounidense.

La ocupación impuso a la isla una revolución económica desde el poder. "En obra de meses esa revolución ha sido planteada en toda su extensión, en cuanto a lo económico y financiero, en la isla de Puerto Rico", al mudar de raíz el personal directivo. (Costa:

Ideario español).

Los Estados Unidos absorbieron la casi totalidad del tráfico comercial. La diversidad de nuestros mercados exteriores quedó substancialmente abolida. La propiedad territorial fue controlada en buena parte por *corporaciones* forasteras, ausentes. Estas mismas sociedades anónimas ejercieron una decisiva influencia monopolizadora sobre las industrias del azúcar y el tabaco. El cultivo de la caña y el tabaco se extendió a tierras antes dedicadas a frutos menores para el consumo interior, y la producción de azúcar se multiplicó por doce en unos treinta años. En cambio, el cultivo de café, que antes constituía la principal riqueza de la isla, languideció por falta de protección arancelaria dentro del mercado yanqui y pérdida del europeo. Los esposos Diffie *(loc. cit.)* resaltan la importancia de este trueque en la producción: "En 1898 había unos 200.000 acres de cafetales (41 por 100 de las tierras de cultivo) generalmente en manos de pequeños propietarios. El café es un cultivo... que puede financiarse en pequeña escala y que crece en las empinadas laderas de las montañas. Su cuido y su venta no son procesos costosos, pues no necesita de maquinarias complicadas. La virtud definitiva del cafetal es que ofrece trabajo a un gran número de peones; un trabajo que no es difícil. Tomándolo todo en consideración, el café es un cultivo que no enriquecía a muchos, pero que daba a un gran número de gentes modestas la oportunidad de poseer un hogar." "El azúcar, por el contrario, ha probado ser un producto que demanda la creciente concentración de las tierras. Su plantación, manufactura y venta son procesos costosos que requieren grandes capitales. Gigantescas maquinarias, por valor de millones de dólares, son una necesidad absoluta de... su producción... De unos 70.000 acres, la caña se ha extendido a más de 250.000, y donde antes había millares de dueños y centenares de trapiches, hay sólo 41 centrales... y cuatro compañías norteamericanas controlan la mitad de la producción. Ya no es posible a ningún puertorriqueño de mediana posición económica participar en la más rica industria de la isla, salvo en calidad de peón... En grado algo menor, esto es verdad también del tabaco."

Luis Muñoz Marín ha sintetizado este cambio en la producción al decir que "la bandera norteamericana encontró a Puerto Rico pobre, pero satisfecho. Ahora flota sobre una factoría donde trabajan esclavos que han perdido sus tierras y quizás pronto perderán sus guitarras y sus canciones." La revolución, pues, de que habla Joaquín Costa se efectuó en beneficio exclusivo del imperialismo capitalista de Wall Street, y, accidentalmente, de un reducidísimo grupo de vecinos de la isla, cuyo número puede, sin metáfora, contarse con los dedos de las manos... y los pies...

Paralela a la revolución económica, pero en sentido aparentemente inverso, se llevó a cabo una revolución en el terreno de la instrucción y la cultura. Al llegar los norteamericanos todavía no habían podido los naturales del país encauzar la enseñanza y la educación popular por normas propias bajo el régimen autonómico. No habíamos disfrutado de tal régimen sino por breves meses. La desorganización y el abandono por parte del Estado español central de la enseñanza popular; los todavía imperfectos medios de comunicación y el tardo paso en implantar medidas modernas de control sanitario público, daban visos de verdad a la suposición de los nuevos gobernantes de que éramos un pueblo atrasado. Pero ello no representaba más atraso que el deducible de haber tenido que soportar arbitrarios gobiernos militares que acaparaban los recursos fiscales en favor de los departamentos de Guerra, Marina y Policía.

El menosprecio de nuestra cultura —que había dado hombres de valer a España y al Continente— por parte de la burocracia estadounidense, hizo que se tratase de suplantar nuestras instituciones y nuestras tradiciones por otras recién implantadas. Con la introducción de una lengua extraña en la escuela y en las altas esferas oficiales, se trajeron nuevos modos, nuevas costumbres, nuevos usos, quizás ni mejores ni peores que los nuestros propios, pero indudablemente dispares con nuestra ideología y a veces inadaptables a nuestra idiosincrasia.

Sin previo proceso de aclimatación, se implantaron normas, procedimientos, códigos, métodos, instituciones, con resultado a veces de trágica *ineficiencia* y a veces de comicidad absurda. Mientras se mermaban los recursos del bienestar general en el orden económico, en el cultural, el bilingüismo en la escuela —pongamos por ejemplo resabido— empobrecía la expresión y menospreciaba las facultades creadoras. Nuestra natural vivacidad antillana pareció adaptarse pronto a las nuevas circunstancias; pero por debajo de ellas se prolongaba y hacía crónica la desorientación ambiente. Como casi todos tendían la vista, interrogantes, hacia el metafórico reloj que marca ritmos y pautas desde Washington, "nadie sabía (es la frase gráfica popular en la isla) la hora que era". No son aún los más los que la saben hoy con precisión cronométrica.

Por medio de la lengua inglesa y de una instrucción elemental adecuada al propósito, se pretendió *americanizarnos* en las escuelas. El resultado fue despertar en las generaciones estudiantiles una instintiva repugnancia hacia el americanismo ciento por ciento que se pretendía inculcarles. Pero al mismo tiempo les faltaba otra base donde afianzar sólidamente afirmaciones propias de carácter tradicional y cultural. En ese aspecto, la intervención norteamericana, queriendo ser constructiva a su modo, dificultó la posibilidad de formación de hombres verdaderamente cultos. No obstante, se disminuyó progresiva y considerablemente el número de analfabetos. Se democratizaron los conocimientos elementales. Se estimuló el afán de aprender. Pero tanto ese noble afán como aquellos elementales conocimientos resultaron irónicamente inútiles. Inútiles por lo inadecuado de los conocimientos adquiridos, por las barreras que se interponen hoy, de varios órdenes, al ascenso de la colonia a la Metrópoli, por la palpable disminución de vocaciones productivas en el limitado campo del pauperizado país.

Fenómeno parecido aconteció con el aumento de los salarios. El cambio de dominación encareció la vida hasta el extremo que la mayoría de los artículos alimenticios consumidos por el campesino cuestan de ocho a catorce por ciento más que en Nueva York, ciudad de reconocida carestía. Al mismo tiempo aumentó la necesidad de importar artículos de consumo diario, conservas, hortalizas frescas, leche condensada, etcétera, dada la extensión del cultivo cañero a tierras antes dedicadas a frutos menores y ganadería. Naturalmente, los salarios tuvieron que subir. Pero el valor adquisitivo de cada día de trabajo disminuyó considerablemente. Según los datos de Diffie, el jíbaro tiene hoy que trabajar ciento cuatro días para pagar los alimentos importados de consumo usual, que antes compraba con setenta días de trabajo. "El nativo se ve obliga-

do a trabajar por un salario menor a sus necesidades elementales."
Paralelamente fue aumentando el desempleo, de un 17 por ciento en 1899, a más del 30 por 100 en 1930 (Diffie). Y como el cultivo de la caña se caracteriza por largas épocas muertas, resulta exacta la frase del gobernador Roosevelt: "Más del 60 por 100 de nuestra gente (puertorriqueños) está en paro forzoso bien parte de cada año o todo el año." *(Report for 1930)*.

Lo inadecuado del aumento de salarios resulta, pues, evidente. Todo esto ocurrió antes que se iniciara la crisis económica mundial, que no ha hecho sino agravar la situación de la isla. Mientras languidecía de hambre y miseria la población nativa, los accionistas ausentes de corporaciones norteamericanas llegaron a cobrar más del ciento por ciento anual de dividendos, y el gobierno hacía alarde de un ficticio balance comercial favorable que, en la realidad de los hechos, equivale al pago de un enorme tributo anual.

Hay que confesar, no obstante, que no todos los cambios ocurridos durante el tercio de siglo de ocupación norteamericana, han sido calamitosos. Por iniciativa o por inspiración norteamericana, pero con la colaboración de los isleños, o por obra casi exclusiva de su actividad, se han llevado a cabo mejoras de indudable valor. Aparte el formidable aumento de escuelas y la reducción del analfabetismo de un 80 a menos de un 50 por 100, se han construido innumerables y magníficas carreteras; se logró reducir la mortalidad de un 30 por 1.000 (1888-1898) a un 23 por 1.000 (1921-1930) mediante el impulso dado a la sanidad pública a favor de los adelantos modernos de la ciencia mundial; y se creó una Universidad, con Colegios de Agricultura, Artes Liberales, Administración Comercial, Farmacia, Leyes, etc., y una Escuela de Medicina Tropical. Todo esto ha sido sufragado, salvo excepciones contadísimas y de escasa importancia relativa, por el esfuerzo contributivo del pueblo isleño. Las asignaciones para sanidad pública han pasado del 11 por 100 del presupuesto, y para instrucción pública han alcanzado cerca de un 39 por 100. Sin embargo, es indudable que buena parte de ese dinero ha sido invertido en iniciativas mal adaptadas a las condiciones generales de isla, y que gastado con un criterio menos sometido a las imposiciones de la *Administración* washingtoniana, hubiera dado resultados más en proporción con el sacrificio contributivo de la isla. Aun en el campo de la sanidad no se consolidaron con toda la eficacia necesaria los enormes resultados obtenidos por las notables campañas de los doctores Ashford, King, Gutiérrez Igaravídez, González Martínez y Seín contra la uncinariasis; la malaria causa aún un 10 por 100 de las muertes, y la tuberculosis, la difteria y las enfermedades intestinales aumentan de día en día.[3]

---

3. Según los últimos informes oficiales, en el año 1939 se registró la mortalidad relativa más baja desde 1898. Durante los últimos años el coeficiente de mortalidad general, tanto como el de importantes enfermedades específicas (entre ellas la tuberculosis) ha descendido apreciablemente. El por ciento de muertes por malaria se ha reducido a la mitad; pero más del cincuenta por ciento de los casos de enfermedad informados a las autoridades son debidos a la infección palúdica. Los trastornos intestinales y la tuberculosis siguen siendo azotes muy graves y temibles. El coeficiente de mortalidad por tuberculosis en nuestra isla es todavía de cinco o seis veces mayor que en Estados Unidos; y, las enfermedades del intestino son nuestra principal causa de muerte.

Con posterioridad —1940 y 1941— el coeficiente de mortalidad general ha vuelto a subir ligeramente. Por otro lado, la grave y doble amenaza de las enfermedades génitoinfecciosas —con sus tremendas implicaciones— ha ido aumentando desde que hemos vuelto a caracterizarnos activamente como base estratégica. Esto es debido a una combinación de factores: pero todos ellos dependen, en última instancia, de la presencia y trasiego de numerosas fuerzas armadas, compuestas en su inmensa mayoría de forasteros.

REFLEXIONES FINALES

En Puerto Rico existe un pueblo con problemas propios, caracteres regionales bien definidos, recursos modestos, pero suficientes si se administran en provecho de su población; vitalidad más que suficiente si se le dirige por cauces apropiados, y hasta, quizás con alguna misión histórica que cumplir. Pero vive desorganizado por los males económicos y morales inherentes al colonialismo; mediatizado por normas ajenas, muchas veces antagónicas a la realidad isleña; desorientado por falta de esperanzas concretas, inmediatamente asequibles, en que pueda tener fe; incapacitado por sometimiento de su voluntad a un grupo de intereses extraños que ni siquiera representan los más altos intereses del pueblo que le domina.

A menos que nos resignemos, como criaturas menores de edad, a soportar pasivamente, o con pueriles rabietas o alborozos, lo que los vaivenes de la política norteamericana nos depare: benevolencias hoy, limosnas mañana, diplomáticas concesiones un día, incomprensivos desplantes otro, según las *administraciones* que rijan la Gran República, los remedios tendrán que ser iniciados por nosotros mismos, y habrán de ser tan heroicos como grave es el mal. En ese aspecto, sólo en ese aspecto, tenía razón el ex-presidente Hoover al conminarnos a que nos salváramos por nuestro propio esfuerzo.

El remedio fundamental estriba en romper, con un programa concreto, de aspiraciones bien definidas, el círculo vicioso en que nos debatimos. Para ponerlo en práctica necesitaremos sacrificar temporalmente algunas ventajas adjetivas y encastillarnos en una tenacidad sin límites. Fe, esperanza y voluntad son virtudes imprescindibles en el empeño. Fe en nosotros mismos y en la razón que nos asiste. Esperanza basada en la realidad inmediata. Voluntad consciente y decidida.

El seguro instinto popular ha vislumbrado, emocionalmente, su redención en el *self-government*: real y efectivo gobierno propio, y ha hecho de la estrella solitaria su estrella polar. Por eso ninguno de los partidos políticos se ha atrevido a renegar abiertamente de ella. Ese emocional vislumbre de las masas habrá de convertirse en propósito consciente. Entonces podrá aquel símbolo-guía brillar con esplendor betlemítico en todos los cuadrantes del firmamento insular. Antes, no

Mientras tanto, no reneguemos de nuestra historia patria. Al contrario, deduzcamos de ella la orientación de los caminos del porvenir. Sobre esa base se podrá intentar la enunciación de un programa salvador.

Conquista del Trópico. Frontera de choque o campo de interpenetración. Función de relaciones con el Nuevo y el Antiguo Continente. Tales han sido las determinantes que han subrayado nuestra vida histórica. Busquémosles superación para lanzarnos hacia el futuro sin que nos arrastren ciegamente o nos estorben como peso muerto.

Ciertamente no es fácil señalar y aplicar remedios eficaces a todos los males de un país, y menos aún en el caso en que se encuentra Puerto Rico. Ante todo, cualquier remedio tiene que contar con la cooperación de buena parte del pueblo para ser útil. En segundo término, no existe ninguna panacea capaz de curar por sí sola y como por arte de magia la totalidad de nuestros padecimientos. Pero buscándolas con honradez, se encontrarán normas suficientes o lo bastante seguras para servir de guía y marcar un rumbo constructivo. Aquí, pues, no se va a ofrecer un maravilloso cúralotodo instantáneo. Sólo se indicarán, con deducciones lógicas de todo lo antedicho, las orientaciones que aparecen como ineludibles en el proceso de reconstrucción.

Apliquemos al trópico todos los recursos técnicos para domesticarle por completo y ordeñarle en favor de nuestro pueblo. Intentemos desterrar la anemia, la malaria, la tifoidea, las plagas que todavía pululan en la isla, carcomiendo las energías del jíbaro. Acomodemos nuestra vivienda y nuestra alimentación a las necesidades de salubridad local, de acuerdo con los propios recursos, no a las necesidades de la industria y la moda extranjeras y de acuerdo con extraños ritmos. Desarrollemos intensamente y utilicemos hasta el límite las fuentes de energía y nutrición que nos ofrecen el sol, el mar, el clima, el suelo, para satisfacer las genuinas demandas de nuestro bienestar particular, no para enriquecer corporaciones ausentes. Cuidemos nuestra modalidad diferencial, influenciada por el trópico y la mezcla de sangres, que nos matiza dentro de la comunidad de los pueblos hispánicos. Erradiquemos toda sombra de ajenos prejuicios raciales que repugnan a la convivencia y a la composición étnica de nuestro pueblo. Diversifiquemos nuestra producción como base de una nueva economía. Capitalicemos estéticamente la exuberancia tropical resaltando sus galas, refrenando sus excesos, cultivando sus posibilidades, aprendiendo las lecciones de armonía que espontáneamente nos brinda nuestro ingenuo paisaje. Pongámonos, en fin, a tono con el medio, usufructuándolo y sublimándolo.

Como campo de choque e interpenetración, debemos desechar por inexacto, confusionista y deprimente, el mote de *Puente entre dos Culturas* con que se nos ha querido bautizar. Detrás de esa frase, y de algunas buenas voluntades que pudieron prohijarla, nos acecha el peligro de eternizarnos en un *cock-tail* de mediocridades, en un mosaico de fósiles desportillados y deslumbrantes baratijas ultramodernas, en una burundanga estridente. No reneguemos de nada, y menos de las lecciones provechosas que nos haya podido dar el yanqui; pero procuremos depurar los elementos dispares, inarmónicos, que conviven en la olla podrida de nuestro ambiente. Sinteticemos y conjuguemos módulos y tendencias para fundir la diversidad heterogénea en algo propio y característico, con sentido y razón de ser en nuestra tierra. Seleccionemos y coordinemos los materiales de diverso abolengo para crear una originalidad típica con raigambres en nuestras tradiciones y nuestra idiosincrasia. Adaptemos de la civilización universal todo lo que pueda servirnos para nuestra madurez y nuestro progreso; pero aspiremos a vivir dentro de una modalidad cultural auténticamente acorde a nuestra isla y a nuestra manera de ser.

Aceptemos la relación funcional no sólo con el Continente —Sur, Centro y Norte— y con la madre patria, sino con el mundo civilizado. Pero de una nueva manera: sin sometimientos esclavizadores, movidos por recíprocas simpatías o mutuas conveniencias. El aislamiento isleño nos convida a buscar relaciones cordiales en todas las tierras firmes. Zafémonos, tanto comercial como culturalmente, del exclusivo monopolio de las influencias estadounidenses. Brindemos gustosos relaciones de comercio y amistad al pueblo de los Estados Unidos; pero sólo dignamente, dentro del plano de la equidad, donde es indudable que existen ventajas para ambas partes. Pluralicemos, al mismo tiempo, dentro de lo posible, los mercados de nuestros productos y las fuentes extranjeras de nuestros abastecimientos. Por otro lado, estrechemos los lazos "del afecto y del interés material, moral y etnológico" que nos unen a los pueblos de habla hispánica, y acostumbrémonos a mirar las Grandes Antillas como una unidad futura; que una vez dueña absoluta de sus destinos y segura de su integridad, podrá ofrecer a ambas Américas, para conveniencia de todos, un útil y apropiado *tambo* del tráfico mercantil, un centro de intercambio cultural, un núcleo irradiador de posibilidades de convivencia y amistad

Pero para llevar a cabo siquiera una parte considerable de todo eso, necesitamos, antes que nada, tener las manos libres. Por ahí habrá forzosamente que empezar: por emanciparnos de dominios, ingerencias y mediatizaciones extrañas. Necesitamos plena independencia administrativa; personalidad internacional para negociar tratados comerciales por nuestra propia cuenta; real y efectivo *self-government* que dignifique nuestra política, vigorice nuestro carácter y ejercite el sentimiento de nuestra responsabilidad de pueblo.

En Estados Unidos existen fuerzas poderosas que obstaculizan la consecución de tan justas aspiraciones. Pero también en Estados Unidos hay fuerzas con las que podríamos contar como aliados. Tenemos en nosotros mismos —como acertadamente ha dicho Luis Muñoz Marín— la imponderable fuerza moral de la razón. Y con una táctica clara, firme y decidida; con el tesón y el empeño de nuestros abolicionistas del siglo pasado, con la altura de miras de un Hostos o de un Betances, la lucha no sería tan desigual como parece.

Las fuerzas que nos explotan se guardarían muy bien de aniquilarnos por otro procedimiento del que hasta ahora están utilizando, pues ello equivaldría a matar la gallina de los huevos de oro. No obstante, tropezaríamos, probablemente, con tribulaciones difíciles de sortear y tendríamos que hacer algunos sacrificios para proseguir nuestro camino. Pero no es una bagatela lo que está en juego.

Poner en marcha un programa propio de reconstrucción nacional será todo lo arduo y aventurado que se quiera; pero la realidad no parece ofrecer otra alternativa. Todas las probabilidades indican que ningún cambio espontáneo de la política metropolitana puede paralizar, de una manera adecuada, eficaz y permanente, los intereses económicos que desde Nueva York nos pauperizan. El dilema es, pues: o tomar en nuestras manos, con serenidad y firmeza, nuestro destino, o someternos, como retrasados mentales, a una lenta agonía, prolongada por paliativos y aparatos ortopédicos, hasta llegar al límite de la miseria física y la postración moral, hasta la total y completa transformación del pueblo isleño en peonaje de parias, en hato de *coolíes*. Entonces sólo se salvarían los muertos.

BIBLIOGRAFIA MINIMA
BREVE RESEÑA

Abbad y Lasierra, Iñigo: *Historia Geográfica, Civil y Natural de la Isla de San Juan Bautista de Puerto Rico.* Primera historia de Puerto Rico, escrita por disposición de Floridablanca. Su autor fue un fraile benedictino que residió en la isla de 1772 a 1778. Tiene valioso interés documental todo lo debido a observación directa, así como los datos generales de su época. Para los siglos anteriores se basa en Oviedo, Herrera, Castellanos y Las Casas. La edición príncipe fue publicada en Madrid por Antonio Valladares de Sotomayor. El ejemplar de la Biblioteca Nacional de Madrid lleva fecha de 1788, escrita a mano; pero la advertencia preliminar está fechada en 1789. Edición de Pedro Tomás de Córdoba: San Juan, 1830. Tercera edición, anotada en la parte histórica y continuada en la estadística y económica por su editor, José Julián de Acosta y Calbo: San Juan, 1866.

Acosta y Calbo, José Julián de: *Notas a la Historia de Abbad.* Véase arriba. Acusan un moderno concepto de la crítica histórica. Incorporan rectificaciones y adiciones documentales, tomadas de los historiadores primitivos, de la Biblioteca Histórica de Tapia, de viajeros y publicistas modernos y de las Memorias de Pedro Tomás de Córdoba.

Bourne, Edward Gaylord: *España en América.* Traducción de Rafael de Zayas Enríquez. Habana, 1906. El volumen forma parte de la obra editada por Albert Bushnell, de la Universidad de Harvard, bajo el título de *The American Nation.* El autor la escribió siendo profesor de Historia en la Universidad de Yale. Bien documentada. No tiene particular referencia a Puerto Rico; pero disipa muchos prejuicios sobre la actuación general de España en América.

Brau, Salvador: *Historia de Puerto Rico.* Nueva York, Appleton y Compañía, 1904. Brau dejó hecha una notabilísima labor de investigación y síntesis sobre temas históricos locales, de gran utilidad a quienes han escrito después sobre la misma materia. Evidencia el punto de vista de un puertorriqueño avanzado de fines de siglo.

Coello, Francisco: *Atlas de España y sus posesiones de Ultramar.* Madrid, 1851. Contiene dos cartas de Puerto Rico, una de Vieques, otra de la isleta de San Juan y seis de los principales puertos. Notas estadísticas e históricas, por Pascual Madoz y en buena parte basadas en la Memoria de Córdoba de 1838. Síntesis del estado de la isla al terminar la primera mitad del siglo XIX.

Córdoba, Pedro Tomás de: *Memorias Geográficas, Históricas, Económicas y Estadísticas de la Isla de Puerto Rico* 1831 a 1833 Oficina del Gobierno, 6 vols. P. R. 1838, Madrid: *Resumen Complementario.* El autor, que fue secretario del Gobierno y Capitanía general de la isla, reprodujo la *Historia* de Abbad. Sus *Memorias* forman un abundante acopio de datos, que Madoz califica de luminoso y Acosta de útil, si se toma "con prudente reserva". Estas fuentes han sido utilizadas por casi todos los autores posteriores.

Diffie, Bailey W. y Justine, W.: *Porto Rico: A Broken Pledge.* Nueva York. "The Vanguard Press", 1931. Este indispensable libro contiene un resumen histórico de Puerto Rico; pero es en sí un excelente análisis económico del imperialismo industrial norteamericano en Puerto Rico y una ecuánime acusación, implícita en el título, contra la política seguida por los Estados Unidos en nuestra isla. Forma parte de la serie *Studies in American Imperialism,* editada por Harry Elmer Barnes.

Gómez, Juan Gualberto y Sendrás y Burín, Antonio: *La Isla de Puerto Rico. Bosquejo histórico.* Madrid, 1891. La introducción y los primeros seis capítulos son del cubano J. G. Gómez; el resto, de Sendrás. No es más que un breve bosquejo, pero refleja el punto de vista de los liberales de la época.

Memoria de la Sección Puerto Rico del Partido Revolucionario Cubano. Nueva York, 1898. La *Memoria* está redactada por el secretario, Roberto H. Todd. Contiene las actas de la Sección y numerosos apéndices documentales. De sumo interés para la historia del separatismo. A veces, según lo insinúa el propio redactor, hay que leer entre líneas.

Miller, Paul G: *Historia de Puerto Rico*. Nueva York y Chicago. Rand McNally y Compañía, 1923. El autor fue Comisionado de Instrucción en Puerto Rico de 1915 a 1921. Representa el punto de vista del funcionario norteamericano bien intencionado. Los acontecimientos están convenientemente agrupados por temas. Contiene notas biográficas de muchos puertorriqueños y varios apéndices de utilidad

Millis, Walter: *The Martial Spirit*. Houghton Mifflin Co., Boston, 1931. Obra muy bien documentada y de seria intención, pero llena de sutil humorismo. Trata de la guerra hispanoamericana con franqueza y objetividad, y es una inteligente protesta contra todas las guerras. Describe incidentes reveladores de lo que pasaba entre bambalinas, y resulta interesantísima en su totalidad.

Muñoz Morales, Luis: *Status Político de Puerto Rico. Conferencias*. San Juan, 1921. Docta exposición crítica de orden jurídico. Analiza: 1) El *Status* de Puerto Rico bajo la soberanía española. 2) Idem bajo la soberanía norteamericana. 3) Posibles orientaciones para el futuro. Contiene numerosos apéndices documentales: El *Tratado de París*, el *Acta Autonómica*, etcétera.

Pedreira, Antonio S.: *Hostos, Ciudadano de América*. Madrid, 1932. Estudio documentado de Hostos como político, maestro, sociólogo y literato. Expositivo más bien que interpretativo. Conjunto "donde se fijan globalmente las cualidades máximas" del biografiado. El autor tuvo en sus manos copioso material, que difícilmente se volverá a reunir. El libro contiene una excelente bibliografía, y ha de servir de apoyo a toda interpretación posterior.

Perea, Juan Augusto y Salvador: *Historia del Adelantado Juan Ponce de León*. Caracas, 1929. Cuidadosa monografía, con numerosas "referencias precisas a las fuentes" y varios apéndices de interés. Rectifica algunos datos, antes confusos, sobre la vida de D. Juan Ponce.

Una campaña parlamentaria. Colección de proposiciones presentadas y discursos pronunciados en las Cortes españolas de 1872-73 por la Diputación radical de Puerto Rico. Madrid, 1873. Tiene un prólogo firmado por "Varios Amigos de la Reforma Colonial", e inclusive un artículo del periódico *La América* sobre la Diputación reformista puertorriqueña. Ambas cosas dan una idea de las opiniones que suscitaron nuestros representantes en el Madrid de aquel tiempo. El texto principal está descrito en el título

BIBLIOGRAFIA DE TOMAS BLANCO

A *Obras publicadas* (libros)
1. *Prontuario histórico de Puerto Rico*, Madrid, Imprenta Pueyo, 1935, 150 p.; 2a. ed., San Juan, Puerto Rico, B.A.P., 1934, 3a. ed., San Juan, Puerto Rico, B.A.P., 1946; 4a. ed. San Juan, Puerto Rico, Departamento de Instrucción Pública, 1952; 5a. ed. anotada, San Juan, Puerto Rico, B.A.P., 1955; 6a. ed., San Juan, Puerto Rico, I.C.P.R., 1970, 1973.

2. *El prejuicio racial en Puerto Rico*, San Juan, Puerto Rico, B.A.P., 1942, 82 p.; 2a. ed., Nueva York, Arno Press, 1975.

3 *Los vates*, embeleco fantástico para niños mayores de edad, novela. San Juan, Puerto Rico, Ediciones Asomante, 1949, 135 p.

4. *Sobre Palés Matos*, dos ensayos. San Juan, Puerto Rico, B.A.P., 1950, 62 p.

5. *Los aguinaldos del infante*, glosa de Epifanía con comentarios musicales de Jack Delano e ilustraciones de Irene Delano. San Juan, Puerto Rico, Pan American Book Co., 1954, 31 p.; 2a. ed., San Juan, Puerto Rico, Pava Prints, 1962. [Traducido al inglés por Harriet de Onís bajo el título *The Child's Gifts. A Twelfth Night Tale* y publicado con el original español en ambas ediciones.]

6 *Los cinco sentidos* (cuaderno suelto de un inventario de cosas nuestras con decoraciones de Irene Delano). San Juan, Puerto Rico, Pan American Book Co., 1955, 56 p.; 2a. ed., San Juan, Puerto Rico, I.C.P.R., 1968, 77 p.

7 *La dragontea*, cuento de Semana Santa. San Juan, Puerto Rico,

Departamento de Instrucción Pública, 1956, 20 p.

8. *Letras para música,* San Juan, Puerto Rico, Ateneo Puertorriqueño, 1964, 82 p.

9. *Miserere* (En la muerte de Georges Rouault y *lux perpetua* luzca en él). Meditaciones con el album de Rouault a la vista. San Juan, Puerto Rico, 1959.

10. *Cuentos sin ton ni son,* prólogo de Margot Arce de Vázquez. San Juan, Puerto Rico, I.C.P.R., 1970, 195 p.

B. *Bibliografía. Artículos publicados* (selección)

1. "Elogio de la plena" (Variaciones boricuas), *Revista Ateneo Puertorriqueño,* San Juan, enero-marzo 1935, I, 1, p. 97-106.

2. "Palabras de Yu Sin Li" [pseudónimo], "Aforismos apócrifos". *La Torre,* Río Piedras, Puerto Rico, 4 de diciembre 1940, p. 3; 8.

3. Monólogos en el Batey: "Sobre el Instituto de Literatura". (Primera parte). *El Mundo,* San Juan de Puerto Rico, 24 de noviembre 1956, p. 21; (Segunda parte) *Ibid.,* 1 de diciembre 1956, p. 20.

4. "La representación de *Nuestra Natacha* por la Farándula Universitaria". *El Imparcial,* San Juan, Puerto Rico, 16 de mayo de 1937, p. 7; 9.

5. "Hermanas García Navarra obtienen señalado triunfo en ballets *La cucarachita* y *El lobo* en el Tapia". *Diario de Puerto Rico,* San Juan, 6 de abril 1952, p. 12; 16.

6. "Catecismo de la tuberculosis, I. La enfermedad. II. Su profilaxis. III. Su tratamiento". San Juan, Puerto Rico, Departamento de Sanidad. Ediciones de la Oficina de Educación Sanitaria, 1940, 12 p.

7. "Relaciones entre el desarrollo físico, mental y emocional del niño y el aprendizaje de una lengua no vernácula". *Caribe,*

San Juan, Puerto Rico, enero 1942, I, 3, pág. 12.

8. "Importancia de conservar la salud en tiempo de guerra". *The Puerto Rico Health Bulletin*, San Juan, Puerto Rico, marzo 1942, VI, 3, 5 p.

9. "Por qué y cómo ayudar a la limpieza pública", separata. *The Puerto Rico Health Bulletin*, San Juan, Puerto Rico, mayo 1942, VI, 5, 8 p.

10. "Puerto Rico: puente", *Hostos,* San Juan, Puerto Rico, mayo de 1929, I, 4, p. 3-5.

11. "Los aproches del puente", *Revista Asociación de Mujeres Graduadas,* San Juan, Puerto Rico, enero-marzo 1941, III, 2, p. 21-27.

12. "El mito del jíbaro", *Revista del Instituto de Cultura Puertorriqueña,* oct.-dic. 1959, II, 5, p. 5-10.

13. "Periplo, viaje alrededor del *Tun-tún* de Palés", en la busca infructuosa de un reportado "pesimismo hipotético". *Puerto Rico Ilustrado,* San Juan, Puerto Rico, 6 de enero 1951, XLI, 2124, p. 34; 40.

14. "Palabras por palabras (Para Juan Ramón Jiménez)". *Universidad de Puerto Rico,* Río Piedras, 12 de marzo 1953, V, 67, p. 9.

15. "Anglocomodismos en el vernáculo puertorriqueño". *Revista del Instituto de Cultura Puertorriqueña,* San Juan, Puerto Rico, enero-marzo de 1970, XIII, 46, p. 22-26.

16. "Sobre Federico García Lorca", notas de redacción. *Verdades,* San Juan, Puerto Rico, enero 1937, I, 4, p. 2; 35.

17. "Homenaje póstumo a Pedro Salinas", *Diario de Puerto Rico,* San Juan, 16 de enero 1952, p. 3.

18. "Estancia en la Isla" (Pedro Salinas). *Asomante,* San Juan, Puerto Rico, abril-junio 1952, VIII, 2, p. 54-63.

19. "Angel Valbuena Prat, a través de sus libros *Teófilo* y *2 + 4*", impresión unilateral psicoanalítica. *Hostos,* San Juan, Puerto Rico, mayo 1937, I, 4, p. 2; 35.p.

20. "La España política", notas electorales. *El Imparcial,* San Juan, Puerto Rico, 13 de diciembre 1934, p. 2; 10.

21. "La guerra civil española", notas de redacción. *Verdades,* San Juan, Puerto Rico, marzo 1937, I, 6, p. 2.

22. "Cultura: Tres pasos y un encuentro" (Al sabio profesor Alvin Johnson). *Revista Ateneo Puertorriqueño,* San Juan, Puerto Rico, julio-septiembre, 1939, III, 2, p. 163-170.

23. "Naufragio (Cuento para no ser leído en el café Nicolau)". *Presente,* San Juan, Puerto Rico, 8 de noviembre de 1952, I, 1, 39-40.

24. "Tres estrofas de amor", canción para soprano. Música de Pablo Casals, letra de Tomás Blanco. *Revista del Instituto de Cultura Puertorriqueña,* San Juan, Puerto Rico, enero-marzo de 1959, II, 3, 8 páginas (separata).

25. Del film ibérico: "El *Hostos* de Pedreira: Un libro, un hombre, un pueblo". *La Democracia,* San Juan, Puerto Rico, 11 de julio de 1932, p. 4.

26. "Barlovento, Sotavento", sobre: Luis A. Santullano, "Fricción de culturas en Puerto Rico", *Jornadas* núm. 54, México, Centro de Estudios Sociales del Colegio de México. En *Asomante,* San Juan, Puerto Rico, enero-marzo, 1946, II, 1, p. 69-76.

27 Sobre: Isabel Gutiérrez del Arroyo, "El reformismo ilustrado en Puerto Rico". En *Asomante,* San Juan, Puerto Rico, julio-septiembre, 1953, IX, 3, p 68-69

CRONOLOGIA DE TOMAS BLANCO

1896 — 9 de diciembre. Nace en San Juan, Puerto Rico, de padre español, José M. Blanco González, y madre puertorriqueña, Altagracia Géigel.

1903-1906 — Su familia se traslada y reside en Málaga, España.

1907 — Regreso a San Juan. Tomás cursa la escuela primaria e intermedia en San Juan.

1912-1915 — Estudia en las escuelas Labra, Hawthorne, y en la Superior Central de Santurce.

1915 — Termina sus estudios de secundaria en el Instituto José de Diego. Es uno de los estudiantes que reclamaron la enseñanza en español, siguiendo a José de Diego.

1916 — Estudia en Washington, U.S.A. en la Army and Navy Preparation School.

1917-1919 — Empieza estudios profesionales de medicina en la Universidad de Georgetown, Washington, D.C.

1919-1922 — Viaja a Europa (Francia, Italia, España, Suiza).

1922-1924 — Regresa a Georgetown University.

1923 — 11 de junio. Recibe el título de Bachiller en Ciencias Médicas

1924 — 9 de junio. Recibe el título de Doctor en Medicina. Regresa a Puerto Rico.

1929 — Aparece su primer artículo en la revista *Hostos*.

1930 — Vuelve a Europa. El 15 de noviembre se casa en Burdeos con la Srta. Louise Smith, profesora de francés.

1930-1935 — Reside en Madrid. Asiste a los Laboratorios de Parasitología y Medicina de los Países Tropicales en la Universidad de Madrid. Frecuenta el Centro de Estudios Históricos. Escribe artículos periodísticos sobre sus observaciones e impresiones de la realidad española del momento y los publica en la prensa de Puerto Rico.

1935 — Publica la primera edición del *Prontuario histórico de Puerto Rico,* impreso en Madrid, que merece el premio del Instituto de Literatura Puertorriqueña.

1936-1939 — Reside en el Condado, avenida Magdalena.

1936-1937 — Forma parte de la Junta Editora de la revista *Verdades* publicada en defensa de la Segunda República Española del ataque fascista. Informa sobre la guerra civil.

1937 — 20 de marzo. Masacre de Ponce. Como consecuencia de este suceso, Blanco fue fundador y primer presidente del "Comité Puertorriqueño de Derechos Civiles".

1937 — 14 a 22 de mayo. Colaboró en la preparación y redacción del *Informe Hays,* que investiga y censura la Masacre de Ponce.

1937 — Visita Cuba. Dicta conferencia en la Institución Hispano-Cubana de Cultura sobre "El prejuicio racial en Puerto Rico". Colabora en revistas cubanas.

1942 — Publica *El prejuicio racial en Puerto Rico.*

1941-1947 — Trabaja en el Departamento de Salud Pública.

1948 — 3 de agosto. Se divorcia.

1949 — Publica *Los vates* que recibe premio del Instituto de Literatura Puertorriqueña.

1950 — Publica *Sobre Palés Matos.*

1955 — Publica *Los cinco sentidos.* Nuevamente premiado por el Instituto de Literatura Puertorriqueña.

1956 — Funda la "Sociedad de Amigos de la Calle del Cristo".

1959 — 20 de noviembre. Visita Puerto Rico el "Comité de Investigación de Actividades Antiamericanas" con la intención de continuar aquí sus pesquisas. Blanco condenó su presencia y gestiones aquí y figuró entre los que lo piquetearon en señal de protesta.

1959 — Publica *Miserere* y *Tres estrofas de amor para soprano* con música de Pablo Casals.

1960-1967 — Reside en la calle del Sol, del viejo San Juan.

1964 — Publica *Letras para música*.

1965 — Mayo. Se niega, con otros puertorriqueños, a comparecer ante la Primera Comisión del *Status* porque "no se discuten la libertad y el derecho a la soberanía de un país, y menos ante un tribunal extranjero y con los representantes del poder colonial".

1967 — Traslada su residencia a Miramar, calle del Estado, frente a la casa de su hermano mayor, don Agustín Blanco Géigel

1970 — Publica *Cuentos sin ton ni son*.

1974 — Recibe el premio del Ateneo Puertorriqueño.

1975 — 12 de abril. Fallece en la Clínica del Dr Pavía, Santurce

INDICE DE NOMBRES

Abadía, Matías, p. 50
Abarca de Bolea, Pedro, pp. 52, 86
Abbad y Lasierra, Fray Iñigo, *Historia geográfica, civil y natural de la Isla de San Juan Bautista de Puerto Rico*, pp. 23, 43, 44, 45, 51, 52, 115, 116
Abercromby (Ralph), p. 47
El Abolicionista Español, p. 75
Acosta (José Julián) de, pp. 29, 39, 63, 115, *Notas a la Historia de Abbad*, p. 115
Aguila Blanca (José Ignacio Avila), p. 57
Alfonso XII, p. 66
Amadeo de Saboya, p. 66
La América, p. 118
Andino, José, p. 58
Anglería (Pedro Mártir de), p. 33
Aportación de los españoles a la prosperidad de América, p. 34
Araquistain, p. 100
Ashford (Bailey K.), p. 108

Bahamonde de Lugo (Francisco), p. 31
Baldorioty de Castro, Román, pp. 63, 77
Baldrich, Gabriel, general, pp. 65, 66
Balmis, Francisco, p. 55
Barbosa, José Celso, p. 79
Barnes, Harry Elmer, p. 116 *Studies in American Imperialism*, p. 116
Bastidas (Rodrigo de), p. 50
Bauren (Baldomero), p. 69
Betances (Ramón Emeterio), pp. 57, 89, 90, 112
Beveridge (Albert J.), pp. 88, 93, 98
El Boletín Mercantil, p. 60
Bolívar (Simón), p. 59
Bonaparte, José, p. 53
Bonaparte, Napoleón, p. 53
Borbón (Dinastía de), p. 47
Bourne, Edward Gaylord, pp. 28, 86, 115, *Spain in America*, pp. 28, 86, 115
Bowers, C. G., pp. 88, 94, 95, *Beveridge and the Progressive Era*, p. 88, *Jefferson and Hamilton*, p. 95
Brau, Salvador. *Historia de Puerto Rico*, pp. 20, 31, 34, 58, 59, 60, 61(·n), 63, 64, 66, 71, 76-79. 115
Brown, John, p. 94
Bruckman, Mathias, p. 69

Brunhes, Jean, p. 28. *Géographie humaine,* p. 28
Bushnell, Albert, p. 115, *The American Nation,* p. 115

Cabeza de Vaca (Alvar Núñez), p. 33. *Naufragios y comentarios,* p. 33
Cacique Mabodomoca, p. 27
Calbetón, Joaquín, p. 57
Cánovas del Castillo (Antonio), p. 78
Carlos II, El Hechizado, p. 47
Carlos III, pp. 48, 86, 87
Carlos V, p. 38
Castellanos (Juan de), p. 46(n),
Castro (Baltazar de), p. 45(n)
Cervantes (Miguel de), p. 38, *Don Quijote,* p. 38
El Cigarrón, p. 60
Coello, Franciso, p. 116, *Atlas de España y sus posesiones de Ultramar,* p. 116
Collantes, Esteban, p. 66
Colón (Cristóbal), p. 25, 26, 34
Colorado, Antonio pp. 73, 100
Contreras (Juan), general, p. 57
Cordero, Rafael, p. 62
Córdoba, Luis de, p. 51
Córdoba, Pedro Tomás de, pp. 51, 115, 116, *Memorias geográficas, históricas, económicas y estadísticas de la Isla de Puerto Rico,* pp. 51, 116
Cortabarría (Antonio de), p. 59
Cortambert, E., p. 72, *Cours de Géographie,* p. 72
Cortés, Hernán, p. 31
Costa (Joaquín), p. 103, *Ideario español,* pp. 103, 105
Cumberland, conde de (George Clifford), p. 42

De Diego (José), p. 78
De Hostos, Eugenio María, pp 64, 88-91, 95, 112
Delarue, p. 60
Denton, Daniel, p. 86
Despujol, Eulogio, p. 62
Diario Económico, p. 58, 60
Diffie, B. W. y J. W., pp. 99, 104, 106, 107, *Porto Rico: A Broken Pledge,* pp. 99, 104, 106
Drake (Sir Francis), p. 42

El Eco, p. 60
El Emperador (Carlos V del Sacro Imperio y I de España), pp. 29, 45(n)
Enrique, Balduino, p. 42
Espaillat (José), p. 62
Estrada Palma (Tomás), p. 91

Felipe II, pp. 37, 38
Felipe III, pp. 40, 42
Felipe V, pp. 49, 73
Fernández, Rufo Manuel, p. 63
Fernando V (El Católico), p. 34
Fernando VII, p. 53, 60, 64, 76
Fewkes, J. W., p. 28, *XXV Annual Report of the Bureau of American Ethnology,* p. 28
Flinter, George Dawson, p. 73(n), *Examen del estado actual de los esclavos de la Isla de Puerto Rico,* p. 74(n)
Floridablanca (José Moñino, conde de), pp. 86, 115

Gaceta de Madrid, p. 79
La Gaceta (de Puerto Rico), p. 60
Gama, Antonio de la, pp 29,

45(n)
García de Escañuela (Fray Bartolomé), p. 43
García Troche, p. 45(n)
Garcilaso (de la Vega, El Inca), p. 33, *Comentarios Reales del Perú*, p. 33
Gómez, Juan Gualberto, pp. 58, 116, *La Isla de Puerto Rico. Bosquejo histórico*, p. 116
Gómez, Máximo, p. 90
González Martínez (Isaac), p. 108
Grimaldi (Jerónimo), p. 86
Gutiérrez Igaravídez (Pedro), p. 108

Hamilton, Alexander, p. 94
Harvey (Sir Henry), p. 47
Henna, J. J., pp. 90, 96, *The Puerto Rico Case*, p. 96
Henríquez, Miguel, p. 73
Henry (Guy V.), general, p. 96
Herrera (Antonio), p. 115
Hoover (Edgar), p. 109
Humboldt, (Alexander), barón de, p. 73

El Investigador, p. 60
Irving, W., p. 39
Isabel II, pp. 57, 65, 66, 69

Jefferson, Thomas, p. 94
Jenner, Edward, p. 69
Jiménez de la Romera, Waldo, p. 70, *España (sus monumentos y artes, su naturaleza e historia)*, p. 70

King (Walter Wood), p. 108

Lando, Gobernador F. M. de, p. 45(n)
Las Casas (Fray Bartolomé), pp. 28, 31, 115
Lincoln (Abraham), p. 71, 94
Loizaga (Pedro), p. 68
López de Haro, (Fray) Damián, pp. 32, 43, 50

Maceo (Antonio), p. 90
Macías (Manuel), general, p. 96
Madoz, Pascual, pp. 73,
Marchesi, José María, general, pp. 57, 62, 70
Martí, José, pp. 78, 90
Martínez Campos (Arsenio), general, p. 66
Matienzo Cintrón, Rosendo, pp. 79, 97
McKinley (William), pp. 80, 85, 93, 95
Memoria de la Sección P. R. del Partido Revolucionario Cubano, pp. 78, 90, 116
Messina, Félix María de, p. 62
Miles, Nelson A., pp. 91, 93
Miller, (Paul G.), pp. 20, 39, 60, 70, 102, 116, *Historia de Puerto Rico*, pp. 20, 102, 116
Millis, Walter, pp. 85, 117, *The Martial Spirit*, pp. 72, 85, 106, 117
Montes, Toribio, pp. 60
Molina (Alonso de), p. 45(n)
El Monarca (Felipe II), p. 42
Morse, S. F. B., p. 60
El Mundo, p. 14(n)
Muñoz (Juan Bautista), pp. 39, 45(n)
Muñoz Marín, Luis, pp. 104, 112
Muñoz Morales, Luis, pp. 93, 97, 117, *El status político de*

Puerto Rico, pp. 93, 97, 117
Muñoz Rivera (Luís), p. 78-79

New York Herald, p. 68
Núñez de Balboa, Vasco, p. 33

Olando, Francisco Manuel de, p. 29
Oller, Francisco, p. 55
O'Reylly, Alejandro, pp. 45, 50, 102, *Memoria,* pp. 45, 50
Oviedo, (Gonzalo Fernández de), p. 115

Palacio, Manuel del, p. 32
Palacios, Romualdo, general, pp. 57, 77
Pavía, Julián, pp. 57, 70
Pavía (Manuel), general, p. 66
Pedreira, Antonio, S., pp. 19, 30(n), 61(n), 89, 90, *Insularismo,* p. 19, *(El periodismo en Puerto Rico),* p. 61(n), *Hostos ciudadano de América,* pp. 89, 95, 117
Perea (Juan Augusto y Salvador), pp. 28, 31, 117, *Historia del adelantado Juan Ponce de León,* pp. 31, 117
Pezuela, Juan de la, pp. 57, 62, 75
Pi y Margall (Francisco), p. 89
Pinzón (Vicente Yáñez), p. 34
Pizarro, Gonzalo, p. 33
Pizarro (Francisco), p. 31
Ponce de León, Juan, pp. 27, 30, 31, 34, 117
Ponce de León (Trocha), Juan, presbítero, pp. 28, 30
Power, Ramón, pp. 57, 64
Prim, Juan, conde de Reus, p. 57

Quatrelles (seudónimo de Ernet Louis-Victor-Jules L'Epine), pp. 73, 87. *Un parisien dans les Antilles,* p. 73
Quiñones, Buenaventura, p. 68

Ramírez, Alejandro, pp. 57, 58, 60
Reina Regente (María Cristina de Borbón), p. 68
Revista del Ateneo Puertorriqueño, p. 29(n).
Riego (Rafael de), p. 60
Rojas, Manuel, p. 69
Roosevelt, F. D., p. 98(n)
Roosevelt (Theodore), p. 107, *Report for 1930,* p. 107
Rosal, p. 61
Ruiz Belvis (Segundo), pp. 57, 89

Sagasta, Praxedes M., pp. 78-79
Salazar (Diego), p. 27
Sampson (William Thomas), p. 42.
Sanromá (Joaquín María), pp. 69, 71
Santa Clara (Antonio), bachiller, p. 28
Santiago, Apóstol, p. 85
Sanz (José Laureano), general, p. 77
Seín (Francisco), p. 108
Sendrás y Burin, Antonio, pp. 50, 58, 70, *La Isla de Puerto Rico. Bosquejo histórico,* p. 116
Serrano (y Domínguez, Francisco), general, p. 90
Siegfried, André, p 88, *America Comes of Age,* p. 88

El Sol, p. 53
Solís, Francisco de, p. 31
Sotomayor, Cristóbal de, p. 27
Stahl (Agustín), p. 28
Stoddard (Theodore Lothrop), p. 73

Taft (William Howard), p. 97
Tapia (y Rivera, Alejandro), p. 115, *Biblioteca Histórica*, p. 115
Tocqueville (Alexis de), p. 94, *La Démocratie en Amérique*, p. 94
Todd, Roberto H., p. 116
Torre, Simón de la, general, p. 66
Torres Vargas (Diego de), pp. 46(n), 50

Ulloa, Antonio de, p. 51
Una campaña parlamentaria Colección de proposiciones presentadas y discursos pronunciados en las Cortes españolas de 1872-73 por la Diputación radical de Puerto Rico, pp. 66, 117

Valbuena, Bernardo de, p. 41
Valladares de Sotomayor (Antonio), p. 115
Vargas (Ramírez de), p 45(n)
Vega, Lope de, pp. 38, 41. *Laurel de Apolo*, p. 41
Velázquez (Sancho), Lic., p. 50
Vizcarrondo, Andrés, p. 68
Vizcarrondo, Juan, p. 68
Vizcarrondo, Julio L. de, p. 75

Washington (George), p. 94
Wilberforce, William, p. 102
Wilson (Woodrow), p. 97

Winship (Blanton), pp. 46(n), 98(n)

Yela y Utrilla (Juan Francisco), pp. 86, 87, *España ante la independencia de EE.UU, Documentos*, p. 86, 87

Zayas, Enríquez, Rafael de, p. 115
Zeno Gandía, Manuel, p. 96, *The Puerto Rico Case*, p. 96
Zulueta, Luis de, p. 53

*La composición tipográfica
de este volumen se realizó
en los talleres de
Ediciones Huracán, Inc.
Ave. González 1002
Río Piedras, Puerto Rico.
Se terminó de imprimir el
día 28 de julio de 1981 en
Art Printing, Inc.
Guaynabo, Puerto Rico.*

*La edición consta de
3,000 ejemplares*